Klaus Kling
Bier selbst gebraut

Die Deutsche Bibliothek – CIP-Einheitsaufnahme

Ein Titeldatensatz für diese Publikation ist bei
Der Deutschen Bibliothek erhältlich.

1 2 3 2004 2003 2002

Gesamtherstellung: Verlag Die Werkstatt, Göttingen
Druck und Bindung: Westermann Druck, Zwickau

ISBN 3-89533-370-0

Klaus Kling

Bier selbst gebraut

VERLAG DIE WERKSTATT

Inhalt

Wissenswertes vor dem Brauen

Braumethoden und Gerätschaften

Bierrezepte aus aller Welt

Anhang

Vorwort

Der Autor mit Selbstgebrautem

Werte Leser(innen),
liebe Hausbrauer(innen)

Vorneweg einige wenige Sätze zur Neuauflage meines Buches „Bier selbst gebraut", welches ab sofort wieder – und nun auch über den Buchhandel – erhältlich ist.

Sehr gefreut haben mich bis heute die vielen Bekundungen zufriedener Leser und die Tatsache, dass die Lektüre auch ihren Einsatz im Braukursbereich findet. Ebenso freue ich mich natürlich über das Interesse meines jetzigen Verlages und bedanke mich für das damit verbundene Vertrauen.

Der bisherige Buchinhalt wurde anlassbedingt um neue Erkenntnisse, Erfahrungen und auch um einige Rezepte ergänzt, die dem Anspruch des Buches (als Sach- und Fachbuch für den Hausbrauer) förderlich sein sollen. Auch wird das Dekoktionsverfahren detailliert und nachvollziehbar behandelt und beschrieben. So hoffe ich, dass die Neuauflage ebenso Anklang und Zuspruch findet und leite hiermit zum ursprünglichen Vorwort über, welches ich dem geneigten Leser nicht vorenthalten möchte.

Kirchheim/Neckar, im Februar 2002
Der Autor

PS: Wenn Sie irgendwann auch Lust aufs Hausbrauen bekommen, machen Sie sich keine großen Gedanken über das „Wieso" und „Warum". Beginnen Sie einfach mit dem Extraktverfahren (Fertig-Kit), bzw. halten Sie sich konsequent an die Beschreibung im Kapitel „Brauvorgang in Schritten". Weiteres (Fach-)Wissen und praktische Fähigkeiten werden sich automatisch einstellen, nämlich mit jedem weiteren Braugang, bei dem Sie dieses Buch unterstützend begleitet.

Vorwort der ersten Auflage

Ich bin ein Bier-Freund. Dazu stehe ich und hoffe, Sie, werter Leser, entschuldigen, dass ich gleich mit der Tür ins Haus falle. Es ist mir aber ein Bedürfnis gerade so zu beginnen, weil diese direkte Aussage meine Einstellung zum Bier schnörkellos dokumentiert und gleichzeitig auch etwas über meine Beweggründe aussagt, dieses Buch zu schreiben.

Schon früh faszinierte mich die Tatsache, dass man mit einigen wenigen Rohstoffen eine immens große Anzahl von verschieden schmeckenden, riechenden und aussehenden Bieren brauen kann. Diese Begeisterung steigerte sich noch, als ich – eigentlich mehr mein Gaumen – mit den Bieren unserer ausländischen, hauptsächlich englischen und belgischen Nachbarn in Berührung kam, die für mich teilweise einen anderen, leicht exotischeren Touch hatten. Dies inspirierte mich dann vollends dazu, mein eigenes Bier brauen zu wollen.

Ein schier unmögliches Unterfangen, wie ich jedoch bald feststellen musste, weil es seinerzeit überaus schwierig war an Rohstoffe zu gelangen, ohne sich gleichzeitig in die Gefahr zu begeben mit dem Gesetz zu kollidieren. Deshalb unterließ ich dann vorerst weitere Versuche diesbezüglich und probierte mich in gewohnter Weise durch das kaum enden wollende Bierangebot, was schließlich nicht nur äußerst interessant und aufschlußreich, sondern auch sehr „kommunikativ" war.

Im Zuge diverser (EU-)Liberalisierungsmaßnahmen war es dann vor einigen Jahren so nach und nach möglich „legal" an Braumaterialien zu kommen, um Hausbrauen zu können. Dies nutzte ich und tat solches mit wachsender Begeisterung, wobei ich probierte, experimentierte und kreierte was das Zeug hielt und was Mutters alter Einkochtopf, benutzt als Maisch- und Sudpfanne, hergab. So fängt halt jeder Hausbrauer mal an. Auch braue ich nicht ausschließlich nur nach dem ursprünglicheren Maischverfahren, sondern hin und wieder ganz gerne auch nach dem einfacheren Extraktverfahren, da man mit diesem ebenfalls zu ganz akzeptablen Bieren kommen kann. (Probieren Sie es irgendwann aus und Sie werden mir zustimmen.)

Meinen (Bier-)Horizont erweiterte ich nebenbei noch durch jedmögliche Fachliteratur, bis ich schließlich so vermessen war, mein „Hausbrauer-Fachwissen“ hier niederzuschreiben. Nicht zuletzt in der Hoffnung interessierten Lesern und zukünftigen Hausbrauer-Kollegen mit dem einen oder anderen Tipp dienen zu können.

Bei meinen nachfolgenden Ausführungen habe ich mich auf das Wesentliche, für den Hausbrauer Wissenswerte, beschränkt. Für diejenigen, welche sich vertiefen möchten, sind selbstverständlich entsprechende Literatur-Hinweise gegeben.

Ebenfalls möchte ich es nicht versäumen, mich an dieser Stelle bei all denen zu bedanken, die mich mit Rat und Tat unterstützten. Ganz besonders möchte ich dies tun bei Willi Mitter, Brauingenieur und Hopfen-Profi aus Mainburg, welcher mir öfters geduldig Rede und Antwort stand. Von ihm stammt der Aufsatz „Hopfen und Hopfenprodukte“.

In diesem Sinne wünsche ich viel Spaß beim Lesen, noch mehr Spaß beim Hausbrauen und natürlich allzeit ein leckeres „Selbstgebrautes“ in greifbarer Nähe.

Kirchheim a. N. anno 1998
Der Autor

Hausbrauer Herttel (Nürnberg, um 1430) beim Biersieden.

Eine (kleine) Exkursion durch die (Bier-)Geschichte

Der Zufall wird's gewesen sein

Dass unser über alle Maßen geliebtes Bier uralt, oder sogar noch etwas älter ist, daran bestehen keine Zweifel. Es wäre aber allemal interessant zu erfahren, wem die Nachwelt eine solche Innovation, die sich über Jahrtausende bis in die heutige Zeit retten konnte, zu verdanken hat. Dies aber wiederum ist, wie auch bei so vielen anderen vorzeitlichen und genialen Erfindungen, leider nicht möglich. Dennoch kann man aber zu erklären versuchen, wie das Ur-Bier eventuell entstanden sein könnte.

Die Vermutung, dass es eine rein zufällige Entdeckung war, nämlich durch einen dem Regen ausgesetzten und daraufhin gärenden Ur-Brotfladen, welcher zuerst vergessen und dann Tage später wieder entdeckt und mit dem Ergebnis eines Schwips gegessen wurde, liegt nahe und ist so auch denkbar. Dieses „berauschende" Erlebnis wiederum hat unserem Vorfahren so gut gefallen, dass er den Vorgang bewusst nachvollzog. Mit der Zeit verbesserte er seine Technik, unterstützt durch seine Nachbarn, welche zwischenzeitlich ebenfalls eingeweiht waren und auch ihr „Bierchen" brauten. Und so zog diese Entdeckung unaufhaltsam ihre Kreise durch die folgenden Jahrhunderte.

Von der Frühzeit bis ins 20. Jahrhundert

Sumerer beim Biergenuss.

Babylonisches Biergesetz

Hammurabi, babylonischer König (1728 bis 1686 v. Chr.), erließ die älteste Gesetzessammlung, in der unter anderem ein Gesetz gefunden wurde, dass der Bevölkerung Babyloniens eine tägliche Ration Bier zusicherte. Die Biermenge war abhängig vom Sozialstatus. So erhielten normale Arbeiter zwei Liter Bier, Beamte drei und Verwalter sowie Oberpriester sogar fünf Liter Bier täglich.

Die Archäologen haben es einmal mehr an den Tag gebracht. Im wahrsten Sinne des Wortes, weil durch deren Funde belegt werden kann, dass die Sumerer bereits ca. 4000 vor Chr. ein Gebräu aus Getreide-Brotfladen und Wasser herstellten, dass man als Vorläufer unseres Bieres ansehen darf. Dieses Bier musste man allerdings noch mit Strohhalmen trinken, weil aufgeweichte Brotstücke darin dümpelten und Filtrationsmöglichkeiten damals unbekannt, vielleicht auch ungewollt waren.

Auch die alten Babylonier und Ägypter brauten kräftig Bier auf ähnliche Art und Weise und erließen seinerzeit bereits spezielle Bier-Gesetze, was wiederum belegt, dass das antike Bier schon damals ein Wirtschaftsfaktor mit interessanten Steuereinnahmemöglichkeiten war.

Für die Römer ungenießbar

Zwar wurde auch im römischen Reich Bier gebraut, doch bevorzugten die Römer eindeutig das Getränk der Götter, den Wein. Lediglich in den Außenbezirken des Imperiums, wo kein Weinbau möglich war, braute man Bier, ansonsten hielten sie es für einen abscheulichen Trunk der Barbaren. Tacitus schrieb dazu: „Als Getränk haben die Germanen ein schauerliches Gebräu, aus Gerste oder Weizen gegoren, ein Gebräu, welches mit Wein eine sehr entfernte Ähnlichkeit hat.“

Germanisches Bier

Die Germanen kamen erst etwa 1500 v. Chr. mit dem Bier in Berührung. Sie sollten sich aber, trotz des Gespötts der Römer, fortan niemals mehr von ihrer neuen Errungenschaft trennen. Bier galt den Germanen nicht nur als Götteropfer, sondern wurde, wie bei den Sumerern und Ägyptern, auch zum eigenen Verzehr gebraut. Nach der Edda, der Sammlung altnordischer Dichtung, war Wein das Getränk der Götter, das Bier gehörte den Sterblichen und der Met den Bewohnern des Totenreiches.

Bieramphoren, aus der Hallstattzeit – etwa 800 v. Chr. – stammend, sind der älteste Nachweis für deutsche Bierbraukunst. Das Bier stieg zur begehrten Handelsware auf, wie ein Bierverlegerstein belegt, der in der Nähe von Trier entdeckt wurde.

Und sie tranken immer noch eins, die alten Germanen. Nämlich Bier und Met – selbst gebraut versteht sich.

Noch ohne Hopfen – aber mit vielen Kräutern

So gingen die Jahre dahin, in denen das Bier verändert, verbessert und dem jeweiligen (Zeit-) Geschmack angepasst wurde. Zu seinem Lieblingsgetränk hätte es aber wohl kaum einer der heutigen Biergenießer erhoben, denn es hat damals für unseren gegenwärtigen Geschmack sicherlich ungewohnt, um nicht zu sagen eigenartig geschmeckt und gerochen. Schon allein wenn man bedenkt, dass man zum Würzen (Hopfen nahm man damals noch nicht) alle möglichen und „unmöglichen" Kräuter und Baumrinden verwendete. So wanderten unzählige Kräuter in den Sud. Einige waren ausgesprochen giftig, andere verursachten Halluzinationen. Viele Wirkungsweisen der Kräuter konnte man sich damals noch nicht erklären und so suchte man bei Fehlschlägen im Brauprozess die Schuldigen häufig im Bereich des Mystischen. Im späten Mittelalter ging der Aberglaube so weit, dass man Brau- oder Bierhexen die Schuld gab. Die letzte Verbrennung einer Bierhexe erfolgte 1591.

Klosterbrauereien im Mittelalter

Bis zur Jahrtausendwende war das Bierbrauen eine Domäne der Frauen. Das änderte sich, als die Mönche auf der Suche nach einem nahrhaften Getränk zu ihren kargen Mahlzeiten zur Fastenzeit suchten. Flüssiges zu sich zu nehmen war erlaubt, und so erfreute sich das „flüssige Brot" bald regen Zuspruchs. Schon bald begannen die Mönche nicht nur zum Eigenverbrauch, sondern auch für den Verkauf zu brauen. Gegen eine geringe Gebühr durften sie in den Klosterschenken das Selbstgebraute vertreiben. Doch auch die Städte wollten weder auf das süffige

Deftige Speisen und hausgemachtes Bier. Die Mönche wussten zu leben.

Getränk noch auf die einträgliche Einnahmequelle verzichten und so entwickelte sich auch dort die Braukunst zu einem angesehenen Handwerk. Die Landesfürsten erkannten schnell die exzellente Gelegenheit, ihre stets leeren Kassen zu füllen und erhoben entsprechende Steuern. Die Klöster brauchten auf Grund des ihnen zugesprochenen Braurechts keine Steuern abzugeben. Die Folge, viele ihrer Schenken wurden kurzerhand geschlossen.

Die wundersame Würze – der Hopfen

Trotz der Probleme, die die Landesfürsten den Klostergemeinschaften machten, verdanken wir den Mönchen die Entdeckung des Stoffes, nach dem die (Bier-) Welt so lange gesucht hatte, – den wichtigen Bitterstoff Hopfen. Sie, die sich hinter ihren hohen Mauern als erste sozusagen wissenschaftlich mit dem Gerstensaft auseinander setzten, verwendeten erstmalig Hopfen zum Würzen des Bieres. So soll beispielsweise in der Nähe von Weihenstephan die Hopfenzugabe um ca. 800 n. Chr. erstmalig erwähnt worden sein.

Mit der Verwendung des Hopfens wurde das Bier lagerfähiger und der Brauprozess wesentlich stabiler. Das damalige Bier dürfte (mit einigen Abstrichen) geschmacklich wie auch auf das Aussehen bezogen dem heutigen schon recht ähnlich gewesen sein.

Danach ging's bergauf mit unserem Bier, denn jetzt war er da, der (Bitter-)Stoff nach dem die (Bier-)Welt so lange gesucht hatte. Von da an wurde das Bier mehr und mehr kultiviert und verbessert, wozu die Klostergemeinschaften ganz erheblich und entscheidend beitrugen. So entwickelte sich das Bier durch die Jahrhunderte und blieb (neben dem Wein) in der Publikumsgunst ein absoluter Renner.

Das Reinheitsgebot

Zwischendurch, genauer gesagt im Jahre 1516, erließ Herzog Wilhelm IV. das wichtigste Bier-Gesetz überhaupt, nämlich das „altbaierische“ Reinheitsgebot, das später glücklicherweise auf ganz Deutschland ausgedehnt und zum weltbekannten „Deutschen Reinheitsgebot“ wurde. Das Gesetz besagt, dass zum Bierbrauen nichts anderes als (Gersten-) Malz, Hopfen und Wasser verwendet werden darf, wodurch unser Bier bis heute sauber, sprich chemiefrei blieb. Wenn man es ganz genau nimmt, dann ist das so gerühmte Reinheitsgebot, welches als ältestes Lebens-

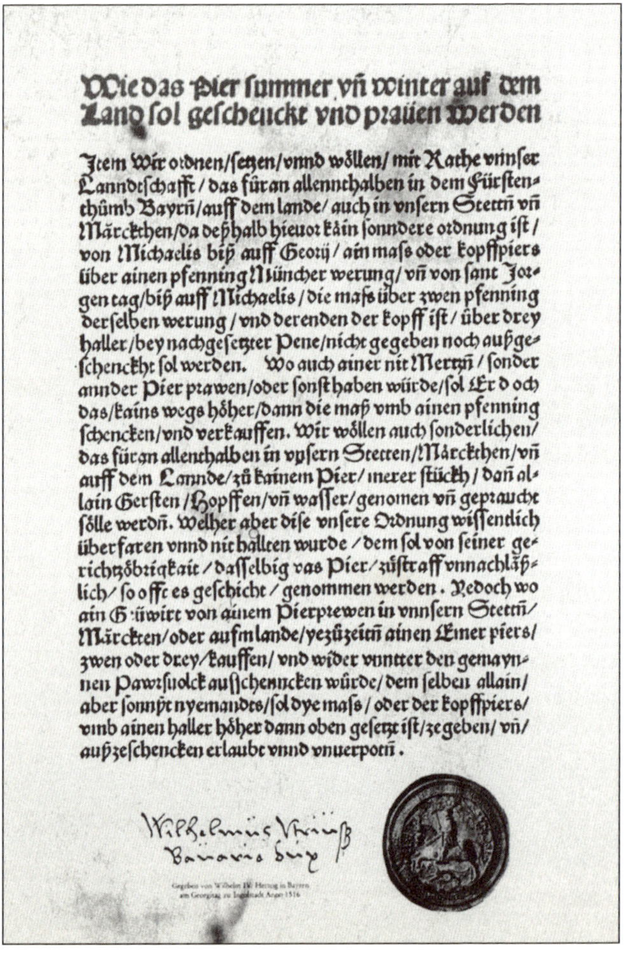

Wie das Pier summer vñ winter auf dem Land sol geschenckt vnd praüen werden

Item Wir ordnen/setzen/vnnd wöllen/ mit Rathe vnnser Lanndtschafft / das füran allennthalben in dem Fürstenthümb Bayrñ/auff dem lande/ auch in vnsern Stettñ vñ Märckthen/da deßhalb hieuor kain sonndere ordnung ist / von Michaelis biß auff Georij / ain maß oder kopffpiers über ainen pfenning Müncher werung/ vñ von sant Jorgen tag/biß auff Michaelis / die maß über zwen pfenning derselben werung / vnd derenden der kopff ist / über drey haller/bey nachgesetzter Pene/nicht gegeben noch außgeschenckht sol werden. Wo auch ainer nit Mertzñ / sonder annder Pier prawen/oder sonst haben würde/sol Er doch das/kains wegs höher/dann die maß vmb ainen pfenning schencken/vnd verkauffen. Wir wöllen auch sonderlichen/ das füran allenthalben in vnsern Stetten/Märckthen/vñ auff dem Lannde/zü kainem Pier/ merer stückh / dañ allain Gersten /Hopffen/vñ wasser/genomen vñ gepraucht sölle werdñ. Welher aber dise vnsere Ordnung wissentlich überfaren vnnd nit hallten wurde / dem sol von seiner gerichtzöbrigkait / dasselbig vas Pier/ züstraff vnnachläßlich/ so offt es geschicht / genommen werden. Yedoch wo ain G:üwirt von ainem Pierprewen in vnnsern Stettñ/ Märckten/oder aufm lande/yezüzeitñ ainen Emer piers/ zwen oder drey/kauffen/ vnd wider vnnter den gemaynnen Pawrsuolck außschennckeu würde/ dem selben allain/ aber sonnßt nyemandts/sol dye maß / oder der kopffpiers/ vmb ainen haller höher dann oben gesetzt ist/zegeben/ vñ/ außzeschencken erlaubt vnnd vnuerpotñ.

Gegeben von Wilhelm IV. Herzog in Bayern am Georgitag zu Ingolstadt Anno 1516

Reinheitsgebot (Abbildung der Original-Urkunde)

mittelgesetz gilt, eher ein Zufallsprodukt, weil Herzog Wilhelm damit hauptsächlich verhindern wollte (und wohl auch hat), dass der damals knappe Weizen, den man unbedingt als Ernährungsgrundlage, also zum Brotbacken brauchte, nicht zu „weißem Bier“ verbraut wurde. Wie dem auch sei, das Reinheitsgebot war und ist gut fürs Bier. Die gezielte Hefegabe kannte man damals übrigens noch nicht und so verließ man sich einfach auf die in der Luft umherschwirrenden, wilden Hefen. Die Hefe wurde aber einige Zeit später unwiderruflich als viertes (Bier-)Element in das Reinheitsgebot integriert.

Ein Getränk erobert die Welt

Mit der Qualität nahm auch die Verbreitung des Bieres zu und es entstanden Brauereizentren wie beispielsweise in Hamburg, Bremen, Braunschweig und Einbeck. Den weltweiten Export selbst übernahm die Hanse, die ein lukratives Geschäft im Vertrieb des süffigen Gerstensaftes witterte. In Hamburg zählte man um 1500 etwa 600 Brauereien und die Hansestadt Bremen belieferte Skandinavien, England und Holland mit deutschem Bier.

Tradition des Hausbrauens

Wann genau die Hausbrauer-Ära begann, vermag natürlich niemand genau zu sagen. Ganz am Anfang gab es wohl nur solche, danach und zwischendurch wurde neben dem berufsmäßigen Brauen auch immer „hausgebraut“.

Jedoch muss man klar zwischen jenen Bierbrauern, welche im frühen und späten Mittelalter gewerbsmäßige Braurechte besaßen, und solchen Mitmenschen unterscheiden, die lediglich ihren Haustrunk herstellten. Genau diese, unsere Hausbrauer-Ahnen nämlich, sind die zu durchleuchtende Zielgruppe.

Ausgehend vom Mittelalter wurde bis in die heutige Zeit stets in den eigenen vier Wänden gebraut. Seit vor dem 1. Weltkrieg ungefähr bis in die achtziger Jahre wurde es allerdings recht still im Hausbrauer-Milieu. Genauer gesagt war es per Gesetz verboten, Rohstoffe und Unterlagen zur Bierherstellung zu erwerben. Dies hatte mit Sicherheit politische und steuerliche Gründe.

Zum Glück wurde dieses Gesetz weitestgehend novelliert. Zurück aber zu unseren frühen und späteren Hausbrauern, besser gesagt „Hausbrauerinnen". Denn Brotbacken und Bierbrauen gehörten seit jeher zu den Aufgaben der Frauen. Erst durch die Mönche gelangte die erwerbsmäßige Braukunst in die Hände der Männer. Die Hausbrauerei blieb dagegen über Jahrhunderte die Domäne der an Haus und Hof gebundenen Frauen. Von Luthers Gattin weiß man beispielsweise, dass sie ein ganz hervorragendes Bier braute, um ihren Reformator bei Laune zu halten. Sie hatte allerdings das Brauen auch richtig erlernt.

Brotbacken und Bierbrauen war einst eine Domäne der Frauen.

Heutzutage lebt die gute alte Tradition des Hausbrauens auch bei uns wieder auf und wird jetzt, was überaus interessant ist, hauptsächlich, um nicht zu sagen ausschließlich, von Männern betrieben. So ändern sich die Zeiten. Was aber hoffentlich nicht zu bedeuten hat, dass sich die Frauen gänzlich vom Brautopf zurückziehen.

Bierlandschaft aktuell

Dass unser Bier zum Lieblingsgetränk avancierte, hörten wir bereits. Aber wie sieht sie heute wirklich aus, unsere deutsche Bierlandschaft mit ihren unzähligen, nuancenreichen Biersorten und -marken? Man kann sagen: „Gar nicht so schlecht." Nach wie vor sind wir unter den ersten fünf Ländern im Pro-Kopf-Verbrauch (ca. 120-130 Liter/ Jahr), besitzen die meisten Brauereien (ca. 1.300) und sind mit nahezu 5.000 Biermarken absolute Weltspitze. Die neuen Bundesländer haben mit altehrwürdigen Bieren erheblich zu dieser Vielfalt beigetragen, zumal viele dieser Biere erst nach der Wende wieder rezeptgetreu wie einst gebraut werden konnten, da die benötigten Rohstoffe zuvor nur teilweise oder eben überhaupt nicht erhältlich waren.

Hinzu kommen die vielen neuen und individuellen, beispielsweise naturtrüben Biere, der sich stetig vermehrenden Gasthaus-Brauereien.

Etwas „Know-how" muss sein

Ein wenig stolz dürfen wir einheimischen, um nicht zu sagen eingeborenen, Bier-Freunde schon sein, weil das Bier, wenn vielleicht auch anderswo rein zufällig entdeckt, doch unbestritten ein urdeutsches Produkt ist, welches hierzulande über die Jahrhunderte eine konstante Weiterentwicklung erfuhr und dadurch zu dem wurde, was es heute ist. Nämlich zu einem Getränk ohne Fehl und Tadel, vor allen Dingen aber ohne Chemie, denn nach wie vor gilt, dass in Deutschland die für den Verkauf oder Ausschank hergestellten Biere nach dem Reinheitsgebot gebraut werden müssen.

Doch genug des Eigenlobs – wenden wir uns Konkreterem zu. Dazu gehört auch, dass man Bier (im Gegensatz zum Wein) nicht nur bedenkenlos zu allen Speisen und Gelegenheiten genießen kann, sondern dass es zudem entspannt, beruhigt und medizinisch gesehen sogar zur Linderung für so manches „Wehwehchen" taugt. Selbst zum Kochen, Backen, wie auch zur Unterstützung bei Ernährungsproblemen (z.B. in Form von Malzbier) ist es geradezu prädestiniert. Ja, sogar als gesunder Haarfestiger mit glanzbringendem Nebeneffekt ist es kaum zu übertreffen. Doch dies nur am Rande. Der Hausbrauer wird es dennoch gerne zur Kenntnis nehmen. Für ihn sind aber sicherlich nachfolgende Angaben mehr von Bedeutung, da ihm diese ermöglichen, Biere zu unterscheiden und einzuordnen – auch im Bezug auf sein „Selbstgebrautes".

Zuvor aber noch ein Blick in Richtung Rohstoffe.

Der Stoff aus dem die Biere sind

Gerstenmalz (in Ausnahmen auch Weizenmalz), Wasser, Hopfen und Hefe sind nach dem Reinheitsgebot die einzigen erlaubten Rohstoffe zur Bierherstellung. Jedoch gelten diese Richtlinien im Prinzip nur für Deutschland, bzw. für jene Länder und Brauereien, welche sich ebenfalls zum Reinheitsgebot bekennen. In nicht wenigen ausländischen Brauereien werden Malzersatzstoffe, sowie auch chemische Mittel zur Klärung, Haltbarmachung und für eine bessere Schaumstabilität verwendet. Sofern solche nicht naturreinen Mittel in diesem Buch erwähnt werden, dann lediglich zur Information und mit entsprechendem Hinweis. Dem Hausbrauer sei deren Einsatz im Sinne eines ehrlichen Bieres nicht angeraten.

Jedoch verweist der Autor bewusst auf solche Ersatz- und Zusatz-Braustoffe, welche zwar nicht dem Reinheitsgebot entsprechen, aber wie Mais-, Hafer-, Reis- und Gerstenflocken, als auch Laktose (Milchzucker) und Haushaltszucker völlig naturrein sind und deshalb in bestimmten Mengen hin und wieder bei einigen ausländischen, insbesondere englischen Bier-Rezepten, durchaus verwendet werden können und sollen.

Auch bei individuellen Brauversuchen und Malzextrakt-Bieren darf mit solchen naturreinen Rohstoffen ruhig einmal experimentiert werden, weil diese durchaus geschmackspositive Aspekte einbringen.

Bierarten

Die übergeordnete Definition der Biere in Bierarten ist recht einfach und unkompliziert, da es nur zwei Möglichkeiten gibt. Grundsätzlich unterscheidet man weltweit, aufgrund der verwendeten Hefe, zwischen „obergärigen“ und „untergärigen“ Bieren.

Biergattungen

Hier unterscheidet man, genauer gesagt unterschied man bisher, nach dem Stammwürzegehalt (= Extraktgehalt der Würze in Prozent) vor der Gärung in Bezug auf Steuerklassen.

Einst:

Steuerklasse	**Stammwürzegehalt**
Einfachbier	2-5,5 %
Schankbier	7-8,0 %
Vollbier	11 -14,0 %
Starkbier	16 % und mehr

Sogenannte „Lückenbiere" (z.B. 5,6-6,9 % oder 8,1-10,9 %) waren wegen befürchteter Steuermanipulationen nicht zulässig.

Heute: Derzeit erhebt der Staat die Biersteuer nach Grad Plato, bzw. je Prozent Stammwürze (z.B. **P** (Prozent) 11 = 11,0-11,9 %), also ignoriert die Nachkommastellen und bietet somit die Möglichkeit auch „zwischendrin" zu brauen. Jedoch müssen kommerzielle Biere auf ihren Etiketten den Alkoholgehalt (in Vol.-%) und nach Möglichkeit auch die biersteuerrelevante Stammwürze (z.B. P 11), oder auch den tatsächlichen Stammwürzegehalt (z.B. P 11,6 %) ausweisen.

Damit der Endverbraucher nicht übervorteilt wird, bestimmt das neue Biersteuergesetz (seit 1.3.1993) Mindestgehalte für die Stammwürze spezieller Biere (Biersorten).

Mindeststammwürzegehalte:

Lagerbier	= 10 %
Pils, Dunkel, Hell	= 11 %
Export, Weizenbiere	= 12 %
Märzen, Festbier	= 13 %
Bockbiere	= 16 %

Üblicherweise wird der Hausbrauer dazu tendieren, ein Bier mit einem Stammwürzegehalt von ca. 11-13 % zu brauen. Dieses Bier entspricht der gewohnten Norm und ermöglicht ausreichende Braumöglichkeiten mit Alkoholgehalten von ca. 3,5-5,0 %.

Weiteres über Stammwürze und Alkoholgehalt im Kapitel „Wissenswertes vor dem Brauen".

Biertypen

Neben der relativ einfachen Gliederung in Bierarten unterscheidet man oftmals auch noch nach Biertypen, deren ursprüngliche Merkmale gebietsbezogen, sowie von der Wasserqualität, der Hopfenmenge, dem Vergärungsgrad und dem Malzcharakter abhängig waren.

Biertyp	Malzcharakter	Wasser	Hopfengabe	Vergärungsgrad
Pilsener (Pils)	extrem hell	extrem weich	sehr hoch	sehr hoch
Münchner	hell o. dunkel	mittelhart	gering	niedrig
Dortmunder	hell	hart	hoch	hoch

Ein weiterer, noch erwähnenswerter Biertyp ist der „Wiener" mit mittelfarbigem Malz im Stil eines Märzen.

Die vorstehenden Angaben sind heute jedoch nur noch rein zuordnungstechnisch interessant (auch für den Hausbrauer), da selbst in München kaum noch jener Biertyp gebraut wird. Auch in Dortmund, wie fast überall, überwiegt mit über 80 % Anteil der Pilsener Biertyp.

Biersorten nach der Gärungsmethode

Eine letzte, jedoch konkretere Zuordnungsmöglichkeit stellen die Biersorten dar, welche ebenfalls nach der Gärungsmethode aufgegliedert sind.

Obergärige Biersorten:
Weizen, Weizenbock, Weizendoppelbock (sowohl kristallklar, als auch hefetrüb), Berliner Weiße, Malzbier, Alt, Kölsch, Dampf-, Stein-, Roggen-, Dinkel- und Emmerbier sowie Stout, Porter und Ale, wobei die drei letztgenannten Sorten im Ausland gebraut werden.

Untergärige Biersorten:
Export, Pils (Pilsener), Lager, Dunkles, Helles, Märzen, Spezial, Kellerbier, Bock, Doppelbock, Eisbock, Rauchbier, Diätbier, sowie alkoholfreie und alkoholarme Biere.

Braustoffe und Hilfsmittel

In den vorherigen Kapiteln wurden die Braustoffe zwar bereits erwähnt, jedoch nur oberflächlich und ohne jegliche Details. Dies soll nun nachgeholt werden, wobei das Hauptaugenmerk besonders auf die Ingredenzien des Reinheitsgebotes (Malz, Hopfen, Wasser, Hefe) gerichtet sind. Es wird natürlich auch nicht versäumt auf einige naturreine Ersatz- und Zusatz-Braustoffe einzugehen, welche bei ausländischen Bierrezepturen, oder beim Experimentieren teilweise Anwendung finden.

An vorderster Stelle allerdings, schon der ältesten Rechte wegen, wird das aus Getreide gewonnene Malz behandelt, welches seit jeher den Braustoff schlechthin darstellt.

Malz und Mälzen

Aussagen wie „Gut Malz brauet gut Bier", oder „Malz ist der Körper des Bieres", spiegeln, auch wenn Jahrhunderte dazwischen liegen, deutlich wider, wie wichtig (gutes) Malz für die Bierherstellung ist. Und eben solches Malz gewinnt man in erster Linie aus Gerste, einer allgemein und weithin bekannten Getreideart. Die Gerste nämlich, und zwar nur die zweizeilige, hochwertigere Sommergerste, welche man auch an ihren nickenden Ähren erkennt, liefert gegenüber anderen Getreidesorten das geeignetste Malz zum Brauen.

Während der Weizen (außer bei Gose-Bieren) lediglich anteilmäßig (bis zu ca. 70 %) und nur für einige bestimmte obergärige Biere, wie z.B. auch für Weizen- oder Weißbiere verwendet wird, gibt die Gerste ihren „Körper" mehr oder weniger an alle Biere ab. Hierfür ist gerade die Sommergerste, wegen ihres hohen Stärkeanteils, ihres geringen Eiweißgehaltes, sowie ihrer Feinspelzigkeit und hohen Keimenergie besonders gut geeignet.

Zuvor allerdings muss die Gerste und ebenso auch der Weizen für das Brauen vor- und aufbereitet werden. Dies geschieht durch das sogenannte Mälzen, welches aber kaum noch in der Brauerei selbst, sondern in den meisten Fällen in einer eigenständigen Mälzerei geschieht.

Durch das Mälzen wird praktisch der Grundstein für die optimale Durchführung des späteren Brauvorganges gelegt. Dadurch nämlich, dass beim Mälzen bereits Stoffe, die das Brauen und das fertige Bier beeinträchtigen würden, teilweise verbraucht werden, und dass sich zugleich brautechnisch wichtige Stoffe lockern und lösen. Aber speziell wird die Bildung von Enzymen (Katalysatoren) bewirkt, welche beim späteren Maischen die notwendigen, biochemischen Vorgänge, sprich Stoffumwandlungen von z.B. Stärke in Zucker bezwecken.

Für den Hausbrauer sollte das „Selbermälzen" jedoch kein Thema sein, da es ein recht aufwendiger und umständlicher Vorgang ist. Er ist auf jeden Fall besser beraten, wenn er die Lieferdienste des Fachhandels in Anspruch nimmt und sich über diese braufertiges Malz beschafft.

Mälzvorgang

Der Mälzvorgang selbst kann in sechs Schritte unterteilt werden:

1. Vorreinigen, Trocknen und Lagern der Gerste

Die angelieferte Gerste wird grob von Staub, Grannen, Spelzen und sonstigen Fremdstoffen gereinigt. Danach muss sie wegen heutzutage üblicher Frühernten getrocknet und dadurch lagerfähig gemacht werden.

2. Putzen und Sortieren

Nun findet eine weitere Reinigung, die sogenannte Hauptreinigung statt, welche die Gerste gezielt von den bereits erwähnten Fremdstoffen befreien soll. Danach muss die Gerste in gleiche Körnergrößen sortiert werden um solche Mischungen zu erzielen, die den Malzkontrakten mit den Abnehmern (Brauereien) gerecht werden.

3. Weichen

Im Lagerstadium hat die Gerste zu wenig Eigenwassergehalt um die Keimbedingungen zu erfüllen. Deshalb wird ihr beim Weichen das nötige Vegetationswasser von außen zugeführt. Außerdem dient der Weichvorgang auch der Sauerstoffversorgung des Weichgutes und der nochmaligen Reinigung der Gerste.

4. Keimen

Keimende Gerstenkörner

Durch das vorangegangene Weichen setzt nun der Keimvorgang ein. Das Gerstenkorn erwacht zum Leben, was man äußerlich durch die Entwicklung der Keime feststellen kann. Die für das Bierbrauen aber wichtigeren Vorgänge (Stoffverbrauch und Stoffveränderungen) finden allerdings im Korninneren statt und sind durch das Nahrungsbedürfnis des Keimlings bedingt. Insbesondere werden Enzyme (Katalysatoren) gebildet, die Stoffwechselvorgänge bewirken, sowohl während der Keimung (durch Abbau hochmolekularer Reservestoffe), als auch beim späteren Maischvorgang, durch Umwandlung der Stärke in Zucker. Genauer ausgedrückt, bewirken die Enzyme beim Maischen, dass Eiweiß, Fett und Zellwände, aber insbesondere Stärke abgebaut wird, indem sie als α-Amylase (Alpha-Amylase) und β-Amylase (Beta-Amylase) die Stärke in vergärbare und weniger, bzw. nichtvergärbare Zucker umwandelt. Das Produkt am Ende des Keimvorganges nennt man Grünmalz.

5. Darren

Darren bedeutet nichts anderes als das Trocknen des Grünmalzes durch Einsatz von Hitze, wodurch selbigem das Wasser entzogen und ein Wachstumsstop (Keimabbruch) bewirkt wird, jedoch die gebildeten Enzyme erhalten bleiben. Durch die Darrdauer wird aber auch die Malzfarbe bestimmt, die international mit EBC-Einheiten beziffert wird, was wiederum bedeutet: Je höher die EBC-Zahl, desto dunkler das Malz.

Auch bei Bierrezepten für Hausbrauer wird immer häufiger die Gesamtfarbe in EBC (engl.=European Beer Colour) angegeben, woran recht einfach der etwaige Farbton des späteren Bieres zu erkennen ist.

6. Abkühlung, Entkeimen und Lagerung

Um das Zufärben und eine Enzymschädigung des Darrmalzes zu verhindern, muss eine gezielte Abkühlung erfolgen. Danach ist es notwendig, die Malzkeime zu entfernen, da diese dem Bier einen bitteren Geschmack verleihen würden. Nun muss das Darrmalz noch mindestens vier Wochen lagern, bis die Enzyme wieder optimal arbeiten. Dann erst ist die gemälzte Gerste als Braumalz verwendbar.

Hausbrauer-Malzquetschen mit Handkurbel...

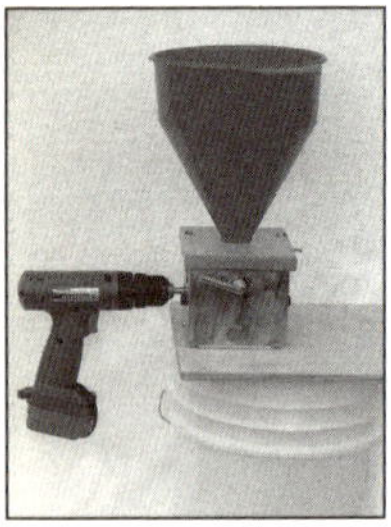

...oder mittels Adapter mit Bohrmaschine betrieben.

Schroten

Bevor das Malz allerdings verbraut werden kann, erfolgt die Schrotung. Der Haus- und Hobbybrauer könnte dies wohl auch selbst bewerkstelligen, indem er hierfür z.B. eine Handkurbel-Kaffeemühle, einen Mixer oder ähnliches Gerät verwendet. Eine Kornmühle, oder eine spezielle Hausbrauer Malzquetsche wäre natürlich besonders ideal.

Wichtig ist, beim Schroten das Korn nur grob aufzubrechen, wodurch der Inhalt für die Weiterverarbeitung freigelegt wird, ohne dass dabei die Außenhüllen (Spelzen), die später beim Abläutern als zusätzlicher, natürlicher Filter dienen sollen, übermäßig zerstört werden. Zu feines Schroten wäre dem Brauprozess also nicht dienlich.

Empfehlenswert ist deshalb auch hier der professionelle Fachhandel, welcher inzwischen gegen geringen Aufpreis das Braumalz frisch geschrotet liefert und somit dem Hausbrauer nicht nur Zeit erspart, sondern auch eine „staubige Tätigkeit" abnimmt.

Überschüssiges, bereits geschrotetes Braumalz, sollte in gut verschließbaren, trockenen und luftdichten Behältern (z.B. Kunststoffeimer/-beutel) aufbewahrt und danach möglichst innerhalb 6-7 Wochen verbraut werden, da sonst die Brauqualität des Malzes zu stark abnimmt.

Malzsorten

Die folgenden Beschreibungen der Malzsorten, Spezialmalze und Ersatzstoffe beinhalten auch die Angaben über deren optimale Schüttungsanteile. Deshalb soll der Begriff „Schüttung" kurz erläutert werden (siehe auch „Wissenswertes vor dem Brauen").

Die **Schüttung** ist der Anteil von einem oder auch mehreren Malzen (auch Malzextrakten), sowie eventueller Ersatzstoffe, welche benötigt werden um einen bestimmten Stammwürzegehalt zu erzielen. Gerstenmalz, ob hell, dunkel oder gemischt, soll als einziges Malz mit einer 100 Prozent Schüttung gebraut werden. Andere Malze wie Weizenmalz, manchmal auch solche aus Roggen, Dinkel und Emmer, oder Ersatzstoffe, wie Mais und Reis etc. sind stets auf die Unterstützung, also auf Schüttungsanteile des Gerstenmalzes angewiesen, weil nur das Gerstenmalz die besonders aktiven Enzyme besitzt, die eine optimale Stärkeumwandlung beim Maischen bewirken.

Wenn nichts anderes angegeben, müssen die nachfolgend beschriebenen Malzsorten und Ersatzstoffe gemaischt werden, sofern es sich nicht um Extrakte handelt.

Hauptmalze aus Gerste

Gerste mit erntereifen Ähren

Pilsener Malz (ca. 2,5-4 EBC)
Extra helles Gerstenmalz für Pilsener Biere im Besonderen, aber auch als Beimischung für jeden sonstigen Biertyp. Schüttung: bis 100 %

Wiener Malz (ca. 5-8 EBC)
Helles Gerstenmalz für Märzenbiere oder auch Festbiere mit goldfarbener Optik und angenehmer Vollmundigkeit. Schüttung: bis 100 %

Münchner Malz (ca. 13-15 bzw. 20-25 oder 40-60 EBC)
Leicht dunkles (auch als helles Münchner bezeichnet), bis dunkles Gerstenmalz, für entsprechende Biere, wie Festbiere, Starkbiere und Malzbiere. Unterstreicht den typischen Biercharakter durch verstärktes Aroma. Schüttung: bis ca. 85 % (Rest andere Malze)

Rauchmalz (ca. 5 EBC)
Eigentlich ein Spezialmalz, aber aufgrund der möglichen Schüttung hier behandelt. Vorrangig helleres Spezialmalz aus Gerste für Rauchbiere, Kellerbiere und individuelle Bierspezialitäten. Wird nach dem Mälzen geräuchert. Erbringt den typischen Rauchgeschmack. Einsatz auch für gebietsbezogene Spezialbiere (z.B. Fränkische Rauchbiere) – Schüttung: bis zu 100 % möglich, aber nicht unbedingt zu empfehlen, da sonst zu starker Rauchgeschmack.

Flüssiger Malzextrakt ist zähflüssig wie Sirup. Durch anwärmen der Dosen wird die Fließfähigkeit verbessert.

Malzextrakte (ca. 3-1000 EBC)
Überwiegend aus Gerste, aber auch aus Weizen. Von „extra hell" über „hell" und „bernstein" bis „stark dunkel". Meist (zäh-)flüssig, jedoch auch pulverisiert. Muss nicht mehr gemaischt werden, da der Maischvorgang bereits abgeschlossen und Bier-Würze entstanden ist, welche anschließend extrahiert wurde. Kann also sofort zum Würzekochen (Hopfenkochen) eingesetzt werden.

Das Extrahieren (Eindicken/Konzentrieren) erfolgt durch ein spezielles Kochverfahren. Der professionelle Einsatz von Malzextrakten entspricht dem Reinheitsgebot, wird aber mehr im Ausland praktiziert. Dem Hausbrauer stehen mit Malzextrakten jedoch alle Braumöglichkeiten offen. Besonders ideal ist der Einsatz von Malzextrakt auch dann, wenn z.B. die Stammwürze nach oben korrigiert, oder die Bierfarbe vor Gärbeginn beeinflusst werden soll. Schüttung: bis 100 %, bzw. bis 70 % beim Weizenmalz-Extrakt.

Weizenähren kurz vor der Ernte.

Sondermalze

Sondermalze, deren Grundstoff nicht Gerste ist, sind Braumalze zur Herstellung von speziellen, hauptsächlich obergärigen Bieren. Das Weizenmalz ist wohl der bekannteste und wichtigste Vertreter dieser Gruppe und könnte im Prinzip ebenfalls als „Hauptmalz" betrachtet werden.

Weizenmalz (hauptsächlich ca. 2-4, bzw. 15-17 EBC)
Helles bis dunkles Weizenmalz für Weizenbiere, Kölschbiere, Altbiere und andere obergärige Schank- und Leicht-

biere. Fördert das typisch obergärige Aroma, unterstreicht das Weizenaroma und erzielt spritzige Biere. Schüttung: bis zu 70 % (Rest Gerstenmalz).

Ausnahme: Gosen werden teilweise mit bis zu 95 % Weizenmalz gebraut.

Weizenmalzextrakt (ca 3-6 EBC)
Beschreibung siehe unter „Hauptmalze" (Malzextrakte).

Sonstige
Vollständigkeitshalber sind an dieser Stelle auch Roggen, Dinkel und Emmer zu erwähnen, welche für einige wenige Spezialbiere verbraut werden.

Spezialmalze

Solche Malze und Stoffe, mit nur geringem Schüttungsanteil, beeinflussen Farbe, Geschmack, Vollmundigkeit, Schaumverhalten, sowie Säureverhältnisse und Stabilität des Bieres.

Zugabe mit der Hauptschüttung beim Maischverfahren. Bei der Extraktbrauweise Zugabe während des Kochvorgangs bei ca. 40 °C.

Karamelmalze (Caramalze)
In einer Rösttrommel verzuckertes (karamelisiertes) Darrmalz (siehe Mälzvorgang), dessen Enzyme durch diesen Vorgang weitestgehend zugrunde gehen. Dient zur Schaumverbesserung, hebt die Vollmundigkeit, intensiviert das Malzaroma und erzielt sattere oder spezielle Bierfarben. Wird hauptsächlich aus Gerste hergestellt, aber auch aus Weizen und Roggen.

Carapils (ca. 3-5 EBC)
für Leicht- und einige Pilsbiere. Schüttung: ca. 5-10 %
(bei alkoholfreien Bieren und Leichtbieren bis zu 40%).

Carahell (ca. 20-30 EBC)
für helle Biere, Festbiere und Spezialbiere. Schüttung: ca.

10-15 % (Bei alkoholfreien Bieren, Leichtbieren und Weizenbieren bis zu 30%).

Caramünch (ca. 80-100 EBC, 110-130 EBC, 140-150 EBC) für dunkle Biere, Malzbiere, Schank-, Nähr- und Leichtbiere. Schüttung: ca. 3-10 %.

☞ Zwischenzeitlich sind auch Karamalze wie Red-, Amber- und Aroma-Karamalze auf dem Markt, die für spezielle, neue Biersorten konzipiert wurden, und welche u.a. zur Erzielung einer speziellen Bierfarbe (wie z.B. rot) eingesetzt werden.

Der Hausbrauer mag sich an Carahell/Carapils oder Caramünch halten, mit welchen er praktisch die meisten Biere abdecken kann. Fehlende Farbe gleicht er durch Zugabe von etwas Farbmalz aus.

Farbmalz/Röstmalz (ca. 800-1500 EBC)
Angefeuchtetes und in der Drehtrommel auf über 200 °C erhitztes helles Malz. Hauptsächlich aus Gerste, aber auch aus Weizen und Roggen (dann Einsatz nur für obergärige Biere), deren Enzyme vollständig vernichtet sind. Wird verwendet, um Bieren eine bestimmte Farbtiefe zu geben, die nicht allein durch dunkles Braumalz erzielt werden kann. Intensiviert auch das typische Aroma und wird für dunkle Biere, sowie für Stark-, Alt- und Bockbiere eingesetzt. Schüttung: 1-5 % (sonst zu brenzliger Geschmack).

Kann sowohl geschrotet, als auch ungeschrotet verwendet werden.

Als Faustregel gilt: Wenn die Bierfarbe um 1 EBC-Einheit dunkler werden soll, muss je 10 Liter Ausschlagwürze (für den Hausbrauer „fertiges Bier“) ca. 1,5 g geschrotetes Farbmalz zugegeben werden. Bei Verwendung von ungeschrotetem Farbmalz sollte die Zugabe um ca. 10-20 % erhöht werden. Zugabe beim Maischverfahren ca. 15 Min. vor Maischende. Beim klassischen Extraktverfahren erfolgt Zugabe im Mousselin-Säckchen oder lose beim Würzekochen (bei ca. 40 °C).

Sonstige Spezialmalze

Die nachstehend beschriebenen Malze sind für den Hausbrauer, mit Ausnahme von Melanoidin- und Sauermalz, nur von geringer Bedeutung.

Brühmalz (ca. 20-50 EBC)
Entsteht durch ein spezielles Mälzverfahren (Selbsterwärmung) und wird hauptsächlich zur Herstellung von dunkleren Bieren verwendet. Dieses Malz (Schüttung: 5-15 %, in Ausnahmen auch darüber), verbessert den Charakter, die Vollmundigkeit, sowie die Geschmacksstabilität und trägt zur Abrundung der Bierfarbe bei.

Melanoidinmalz (ca. 60-80 EBC)
Herstellungsverfahren und Einsatzerfolg entsprechen in etwa dem des Brühmalzes. Dieses Malz kommt immer mehr in Mode, weil damit auch rötliche Bierfarben erzielt werden können.

Diastasemalz (ca. 2-5 EBC)
Entsteht ebenfalls durch ein spezielles Mälzverfahren, wobei eine hohe Enzymkapazität bewirkt wird, welche eine bessere Verarbeitung und einen verbesserten Abbau der Stärke beim Maischen (von z.B. schlecht gelösten Malzen) gewährleistet. Schüttung: nach Bedarf.

Spitzmalz (ca. 2-3 EBC)
Das Wesentliche an diesem Malz ist eine kurze Keimdauer beim Malzvorgang, wodurch es besonders zur Kompensation von zu weit gelösten Braumalzen und zur Verbesserung der Schaumstabilität dient. Schüttung: 10 bis max. 20 %.

Sauermalz
Hierbei handelt es sich um Braumalz, welches einem Einweichprozess unterzogen wurde, mit dem Ergebnis einer (durch auf dem Malz vorkommenden Milchsäurebakterien) kräftigen Säuerung, durch welche das Malz milchsäurereich wird. Durch Zugabe zur Schüttung (von 1-5 %) wird beim Maischen eine Säuerung, also Verringerung des

Würze-ph-Wertes erzielt und die ungünstige Wirkung der Karbonathärte des Wassers vermindert, wodurch man eine gute Enzymtätigkeit beim Maischen und auch eine Intensivierung der nachfolgenden Gärung erreicht. Der ideale ph-Wert der Maische liegt bei 5,4 bis 5,8. Diese Idealwerte erreicht man in etwa durch nachfolgende Sauermalzzugaben zur (und bezogen auf die) Gesamtschüttung.

4-5 % bei sehr hartem Wasser
2,5-3,5 % bei ziemlich hartem bis hartem Wasser
1,5-2 % bei mittelhartem Wasser

Zu hohe Beimischungen würden den ph-Wert wiederum zu weit in den sauren Bereich verschieben (siehe Kapitel Wasser), so dass auch in diesem Fall die Enzyme nicht wie gewünscht reagieren könnten. Die Verwendung von Sauermalz ist somit die nahezu perfekte Lösung, wenn das vorhandene Brauwasser keine optimale Enzymtätigkeit für das jeweilige Brauvorhaben gewährleistet. Sauermalz wird hauptsächlich für die Herstellung heller Biere verwendet, da sich die Enzyme dunkler Biere ganz gut mit härterem Wasser und etwas höheren ph-Werten vertragen.

Zusatzstoffe

Darunter versteht man solche Stoffe, die bei der Bierherstellung verwendet werden und naturrein sind. Im Großen und Ganzen entsprechen diese aber nicht dem Reinheitsgebot.

Zuckercouleur

Zucker wird durch vorsichtiges Erhitzen (in einer Pfanne oder einem Tiegel) zum Schmelzen gebracht, dunkel gebräunt und mit Wasser verflüssigt. Die so gewonnene Substanz wird zum Färben von hauptsächlich obergärigen Bieren verwendet. Außerdem bringt sie auch einen gewissen karamelartigen Geschmack ein. Der Hausbrauer löst dieses Problem, indem er Farbmalz und Caramalz anstatt Zuckercouleur verwendet. Zuckercouleur wird beim Würzekochen ab 40 °C zugegeben.

Helles Gerstenmalz ►
(Pilsener)
links: ungeschrotet
rechts: geschrotet

Helles Weizenmalz ►
links: ungeschrotet
rechts: geschrotet

Gerstenmalze ►
mit verschiedenen
Farbtönungen
von links: Pilsener,
Wiener, Münchner

◄ Spezialmalze von links: Caramalz hell, Caramalz dunkel, Farbmalz

◄ Naturreine Ersatzstoffe von links: Maisflocken, Gerstenflocken, Haferfocken und Reisflocken (bei Einsatz darauf achten, dass die Flocken vorverkleistert sind)

◄ Ersatzstoffe / Zusatzstoffe links: Laktose (Zusatzstoff) rechts: Zucker (Ersatzstoff)

Laktose (Milchzucker)

Hierbei handelt es sich um einen aus Kuhmilch gewonnenen Zucker, der von den Bierhefen nicht vergärt wird und somit besonders zum Experimentieren geeignet ist.

In einigen, hauptsächlich englischen Bierrezepten, wie beim „Milk Stout“, ist Milchzucker fester Bestandteil. Der Hausbrauer kann Laktose dann einsetzen, wenn er seinem Bier eine besonders „süffige“ Note verleihen will, oder um eine vor dem Abfüllen rechtzeitig erkannte Überhopfung zu entschärfen.

Vom Charakter her passt Milchzucker jedoch mehr zu dunklen bis schwarzen Bieren. Die Zugabe sollte allerdings nicht mehr als max. 15 % des Schüttungsgewichtes betragen und einfachheitshalber beim Abfüllen, also nach der Hauptgärung erfolgen. Zu diesem Zeitpunkt sind wegen der durch die Milchzucker-Beigabe entstehenden Erhöhung des Würzegehaltes keine komplizierten Rechnungsvorgänge für einen exakten Abfüllzeitpunkt mehr notwendig, da die Hauptgärung bereits beendet ist.

Die Beigabe erfolgt durch Auflösung in 0,5-1,0 Liter entnommener Würze, welche zuvor leicht angewärmt wird, damit sich der Milchzucker besser löst. Danach gibt man diesen Ansatz wieder in den Hauptsud zurück und rührt vorsichtig unter. Vor dem Abfüllen sollte man den Sud dann noch geraume Zeit (ca. 1-2 Std.) ruhen lassen, damit sich die aufgewirbelte Hefe wieder absetzen kann.

Ersatzstoffe (Surrogate)

Die Bezeichnung sagt es bereits. Braumalz kann und wird auch teilweise durch andere stärkehaltige Stoffe und Getreide ersetzt. Das „Deutsche Reinheitsgebot“ untersagt den Einsatz von Ersatzstoffen, während im Ausland oftmals darauf zurückgegriffen wird, weil diese eben auch günstiger als reines Braumalz sind.

Ganz können diese Stoffe das Malz natürlich nicht ersetzen, weil auch diese auf die gute Enzymtätigkeit des Gerstenmalzes beim Maischen angewiesen sind. Aber immerhin sind Zugaben von bis zu 50 % (z.B. Mais bei einigen USA-Bieren) möglich, jedoch nicht die Regel. Da einige dieser Ersatzstoffe bestimmte Biereigenschaften betonen, bzw. hervorheben, ist deren Einsatz natürlich auch für den Hausbrauer interessant.

Zucker

Zucker ist der einzige naturreine Ersatzstoff, der im Prinzip das Braumalz voll ersetzen könnte. Selbst im reinheitsverwöhnten Deutschland wird Zucker bei bestimmten obergärigen Bieren akzeptiert. Allerdings nur nördlich des sogenannten „Weißwurstäquators", genauer gesagt außerhalb Bayerns und Baden-Württembergs.

Zuckerzusatz kann in verschiedenen Formen erfolgen. Es empfiehlt sich der stets griffbereite Haushaltszucker (aus Zuckerrüben oder Zuckerrohr), welcher auch als Saccharose bezeichnet wird. Sofern sich der Hausbrauer desselbigen bedient, was durchaus bei Extraktbieren (aber nicht nur bei solchen) zu vertreten und teilweise sogar rezeptbedingt ist, sollte er folgende Schüttungsanteile nicht überschreiten: Bei gemaischten Bieren max. 25 %, bei Bieren nach der Extraktbrauweise höchstens 40 %. Höhere Zuckergaben beeinflussen den Biergeschmack für unsere Verhältnisse negativ. Beim Maischverfahren und beim **„Klassischen Extraktverfahren"** wird der Zucker Mitte der Kochzeit zugesetzt.

Beim **„Einfachen Extraktverfahren",** bei welchem das Kochen ganz entfällt, wird der Zucker in 2-3 Liter heißem Wasser aufgelöst und mit dem sich bereits im Gärbehälter befindenden Malzextrakt vermischt. Erst danach sollte mit Wasser aufgefüllt werden. Bei allen Varianten wird somit erreicht, dass ein „heißer" Zucker-Enzyme-Kontakt entsteht, der sich auch positiv auf den nachfolgenden Gärprozess auswirkt.

Übrigens, auch Zucker benötigt die Enzyme des Malzes für einen optimalen Gärverlauf.

Desweiteren kann Zucker auch zum Stammwürzeausgleich vor dem Anstellen, also vor Zugabe der Hefe verwendet werden. Dies geschieht dann, wenn die Würze nicht die gewünschten Stamm-Prozente aufweist, weil entweder beim Maischen die Haupt- und Nachgüsse zu hoch bemessen waren und während des Kochens nicht genügend Flüssigkeit verdampfte, oder wenn beim Extrakt-Verfahren ebenfalls mit zuviel Wasser gearbeitet wurde. Wird streng nach dem Reinheitsgebot gebraut, muss der Ausgleich selbstverständlich mit Malzextrakt (am besten in Pulverform) erfolgen. Die Zugabe kann zuvor in lauwarmem Wasser, oder auch in erwärmter Bierwürze aufgelöst werden, damit sie sich schneller und besser mit der Restwürze verbindet.

Auch bei der Nachgärung des Jungbieres in Flaschen oder Fässern wird teilweise Zucker (nach dem Reinheitsgebot natürlich wieder Malzextraktpulver) zur besseren CO_2-Bildung zugegeben. Hauptsächlich dann, wenn die Hauptgärung zu weit fortgeschritten ist, also der richtige Abfüllzeitpunkt verpasst wurde.

Rohfrucht und verkleisterte Rohfrucht

Unter Rohfrucht versteht man z.B. Mais, Reis, Hafer und Gerste in ihrem Originalzustand, was bedeutet, dass deren Bestandteile noch nicht durch ein Maischverfahren gelöst wurden, die Zellwände also intakt sind und keine Verkleisterung (Gelatinebildung) des Korninhaltes (Kornstärke) stattgefunden hat.

Um eine Verkleisterung zu erreichen wird die Rohfrucht vorgekocht, und dadurch enzymaktiviert, um dann beim Maischen leichter verzuckert zu werden. Die Verarbeitung von Rohfrucht ist für den Hausbrauer also kein Thema, da sie viel zu umständlich ist. Wenn er Ersatzstoffe in seine Braumaßnahmen einbeziehen möchte, was wie erwähnt durchaus bei dem einen oder anderen Bier, bzw. bei Experimenten zu vertreten ist, beschafft er sich vorverkleisterte, also verzuckerte Frucht in Flockenform über den einschlägigen Fachhandel. Beim Maischverfahren erfolgt die Zugabe von vorverkleisterten Getreideflocken mit der Schüttung.

Werden die vorverkleisterten Flocken beim „Klassischen Extraktverfahren mit Kochvorgang“ verwendet, so müssen

Anmerkung
Bei den üblichen, im Handel befindlichen Malzextrakten (gehopft oder ungehopft) handelt es sich um „nicht-diastatische" Extrakte, die wegen inaktiver Enzyme die Stärkeanteile unverkleisterter Getreideflocken nicht in vergärbare Zucker umwandeln können. Deshalb müssen unbedingt vorverkleisterte Flocken verwendet werden. Es gibt auch „diastatische" (allerdings wesentlich teurere) Malzextrakte mit aktiven Enzymen, welche Stärkeanteile unverkleisterter Flocken aufspalten.

diese beim Würzekochen (ungefähr bei 40 °C) zugegeben werden. Die Zugabe und Entnahme der vorverkleisterten Getreideflocken wird am besten dadurch bewerkstelligt, dass selbige in Mousselin-Säckchen verpackt in den Sud kommen, wodurch auch eine spätere Filtration weitestgehend entfällt.

Maisflocken (vorverkleistert)
Zur Herstellung heller Biere. Ihre Zugabe wirkt sich auch positiv auf die Trübung von Bieren aus und verleiht diesen bei höheren Zugaben eine leicht süßliche Note, wie man sie oftmals bei amerikanischen Bieren findet. Schüttungsanteil max. 25 %, eher darunter.

Gerstenflocken (vorverkleistert)
Sie wirken sich positiv auf die Vollmundigkeit aus und verbessern die Schaumhaltbarkeit. Bei zu hohen Zugaben besteht die Gefahr, dass Trübungen auftreten. Deshalb sollte der Schüttungsanteil bei hellen Bieren nicht höher als 5-6 % sein. Bei dunklen und hefetrüben Bieren fällt dieser Umstand kaum ins Gewicht. Der max. Schüttungsanteil sollte dennoch 20 % nicht übersteigen.

Haferflocken (vorverkleistert)
Die Zugabe von Haferflocken sorgt für cremigen, schweren Schaum und gute Vollmundigkeit und verleiht dem Bier ein feines, nussiges Aroma. Sowohl für helle, als auch für dunkle Biere zu verwenden. Schüttungsanteil max. 20 %.

Reisflocken (vorverkleistert)
Geben so gut wie keinen Geschmack an das Bier ab. Sorgen allerdings für spritzige Biere mit trockenem Charakter, wie sie z.B. in den USA gebraut und teilweise als „dry beer" und Lagerbier vermarktet werden. Für den Hausbrauer nicht unbedingt zu empfehlen, aber vielleicht dennoch ein Experiment wert. Schüttungsanteil max. 25%.

(Brau-)Wasser

Auf gutes Brauwasser muss besonderer Wert gelegt werden. Wasser ist nicht gleich Wasser, und jedes Wasser schmeckt anders. Eine Aussage, die ganz einfach nachzuvollziehen ist, wenn man nacheinander Wässer aus verschiedenen Gegenden probiert. Diese Tatsache und sein ca. 90-%-Anteil am Bier-Volumen lässt deshalb auch gleiche Biere, bei gleicher Schüttung und Rezeptur, jedoch unterschiedlichem Wasser, stets etwas anders, vielleicht ähnlich, auf jeden Fall aber typisch für eine bestimmte Gegend schmecken.

An dieser Stelle seien nochmals die klassischen, einst brauwasserabhängigen Biertypen, wie Pilsener, Dortmunder und Münchner erwähnt, deren Typisierung heute weitestgehend an Bedeutung verloren hat, weil in Dortmund wie in München fast nur noch der Pilsener Typ gebraut wird.

Wasser ist eines der wichtigsten Braustoffe und mitentscheidend für die Qualität eines Bieres.

Was das Wasser hart macht

Verantwortlich für die Geschmacksnuancen ist die Tatsache, dass ursprünglich weiches Regen- und Quellwasser durch und über verschiedene Bodenschichten fließt und sich dabei unwillkürlich mit Karbonaten (hauptsächlich Kalzium- und Magnesiumsalze), sowie mit verschiedenen anderen Mineralstoffen anreichert, um dadurch härter zu werden. Je nachdem, mit wieviel Salzen sich das Wasser auf seinem Weg verbindet, wird es hart, weniger hart oder bleibt weich, wobei allerdings letzteres nicht so häufig vorkommt, bzw. gebietsabhängig ist. Wenn sich die aufgenommenen Salze mit der im Wasser befindlichen Kohlensäure verbinden entsteht die Karbonathärte, welche für das Bierbrauen von vorrangiger Bedeutung ist. Die Verbindung der gleichen Salze mit der im Wasser vorkommenden Schwefelsäure ergibt die Nichtkarbonathärte, auch Sulfathärte genannt. Sie ist für den Hausbrauer nicht ganz so wichtig, weil sie den Brauvorgang vom Prinzip her nur unwesentlich beeinflusst.

Die Wasserhärte (Gesamthärte) setzt sich also aus Karbonathärte und Nichtkarbonathärte zusammen und wird offiziell mit °dH (Grad deutscher Härte) bezeichnet, was nichts anderes aussagt, als wieviel Gramm Kalk in 100 Liter Wasser enthalten sind.

Beispiel: 16° dH = 16 g Kalk pro 100 Liter Wasser

Fragen Sie Ihr Wasseramt

Um die Werte des zur Verfügung stehenden Brau- bzw. Leitungswassers zu erfahren, sollte sich der Hausbrauer einfach mit dem für seinen Wohnort zuständigen Wasseramt (bei der jeweiligen Ortsverwaltung) in Verbindung setzen. Dies geschieht am einfachsten per Telefon. Hierbei erfragt er die Karbonat- und Nichtkarbonathärte (ergibt addiert die Gesamthärte), sowie den pH-Wert des Wassers. Nachstehende Tabelle soll einen optischen Überblick über die gängigen Wasserhärten geben, wobei für das Hausbrauen eine Gesamthärte von bis zu 12° dH noch ideal wäre. Ebenso geeignet wären höhere Wasserhärten, wenn eine Konstellation von ungefähr 1:2,5 im Verhältnis von Karbonathärte zur Nichtkarbonathärte gegeben ist, was wiederum einen vorteilhaften pH-Wert für die Enzymtätigkeit ergibt.

Wasserhärte-Tabelle

Härtebereich	**1**	**2**	**3**	**4**	**5**	**6**
Beschreibung	sehr weich	weich	mittelhart	ziemlich hart	hart	sehr hart
Gesamthärte in °dH (Karbonat- und Nichtkarbonathärte)	0-4	4-8	8-12	12-18	18-30	über 30

Sauer oder nicht sauer?

Der pH-Wert ist wichtig für das Brauen. Er stellt den Säuregrad des Wassers dar und wird durch Art und Menge der im Wasser vorkommenden Salze bestimmt. Ein zu hoher pH-Wert (z.B. über 7,0) beeinträchtigt die Enzymtätigkeit beim Maischen, sowie die geschmackliche Auswirkung des Hopfens. Akzeptable pH-Werte für (Brau-)Wasser liegen im oberen Level noch unterhalb des neutralen Bereichs, also zwischen 6 und 6,5, und nach unten im Bereich von bis zu Minimum 3,5. Das pH-Optimum zum Maischen befindet sich im Bereich von 5,4 bis 5,8, in welchem die Enzyme optimal arbeiten können. Dieser Bereich ist selbst für den Hausbrauer, der nur hartes Wasser zur Verfügung hat, durchaus erreichbar, wie später noch erläutert wird. Zuvor aber auch hierfür eine Tabelle zur optischen Übersicht.

pH-Wert-Tabelle

	neutral	
sauer		alkalisch (laugenhaft)
← 1 2 3 4 5 6	7	8 9 10 11 12 13 14 →

(zwischen 5 und 6: optimaler pH-Bereich beim Maischen)

☞ Die Grenzwerte für Trinkwasser liegen nach der entsprechenden Bundesverordnung zwischen pH- 6,5 und 9,5.

Zur Kenntnisnahme:
Jedes Wasser mit Trinkwasserqualität kann bedenkenlos zum Brauen verwendet werden, was aber nicht bedeutet, dass der Brauvorgang optimal abläuft. Deshalb sollte man wissen, dass eine hohe Karbonathärte, oder auch ein hoher (alkalischer) pH-Wert unter anderem einen niedrigeren Vergärungsgrad bewirken, wodurch Biere einen malzigeren Charakter erhalten.

Auch der Hopfen kann sich deshalb geschmacklich nicht so intensiv entfalten, weshalb wiederum die Schaumbildung etwas geringer ausfällt und die Biere weniger bitter schmecken.

Alles Voraussetzungen aber für dunkle Biere.

Daraus ergibt sich, dass hartes Wasser besser dazu geeignet ist dunkle, hopfenarme und süffige Biere zu brauen. Auch löst sich dunkles Braumalz besonders gut in härterem, salzhaltigem Wasser und gewährleistet somit eine durchaus gute enzymatische Aktivität bei der Umwandlung von Getreidestärke in Malzzucker.

Während dunkle Biere härteres Wasser vertragen und benötigen, verlangen helle, hopfenreiche und hochvergärende, hauptsächlich untergärige Biere genau das Gegenteil, nämlich weiches Wasser und somit auch niedrige, im optimalen sauren Bereich liegende pH-Werte (siehe pH-Wert-Tabelle).

Die Einstellung, bzw. Verschiebung dieser günstigen pH-Werte in den sauren Bereich, sowie eine gewisse Wasserenthärtung, erzielt man durch mehrere Möglichkeiten, wobei der Einsatz von Braugips, Sauermalz und/oder eines Wasserfilters für den Hausbrauer besonders empfehlenswert sind.

Braugips

Eine Möglichkeit ist die Zugabe von Braugips (Kalziumsulfat) zum Wasser, wenn nur eine geringe Korrektur des richtigen Verhältnisses von Karbonathärte zu Nichtkarbonathärte notwendig ist, also eine Konstellation von 1 Teil Karbonathärte zu ca. 2,5 Teilen Nichtkarbonathärte erreicht werden soll.

Hier gilt als Faustregel: 1/2 bis 1 gestrichener Teelöffel (je nach Verhältnisgrad) pro 10 Liter Brauwasser.

Größere Zusätze verbieten sich wegen der Erhöhung des Salzgehaltes, was wiederum den Biergeschmack ungünstig beeinflussen würde.

Sauermalz

Bei Korrekturbedarf der Wasserhärte und bei zu hohem (neutral bis alkalischem) pH-Wert empfiehlt sich als recht erfolgreiche Alternative auch eine Beimischung von Sauermalz zur Maische, bzw. zur Schüttung.

Sauermalz wird hauptsächlich bei der Herstellung heller Biere verwendet.

Folgende Sauermalzzugaben (bezogen auf die Gesamtschüttung) sind zu empfehlen:
4 bis 5% bei sehr hartem Wasser;
2,5 bis 3,5% bei ziemlich hartem bis hartem Wasser
1,5 bis 2% bei mittelhartem Wasser

Zur Kenntnis für diejenigen, die noch tiefer in die Materie der Wasseraufbereitung eintauchen möchten, nachfolgend in kürzester Benennung noch weitere, allerdings mehr für Brauereien geeigneten Methoden.

- Enthärtung durch Erhitzen (Kochen)
- Enthärtung mit gesättigtem Kalkwasser
- Enthärtung durch Ionenaustauscher
- Entsalzung durch Elektrodiarese
- Entsalzung durch Umkehrosmose
- Entsalzung durch Filtration.

Wasserfilter ziehen Chlor und Schwermetalle aus dem Leitungswasser und beseitigen die Härte. Auch der pH-Wert verschiebt sich in Richtung „sauer". Sie sind deshalb eine Alternative für Hausbrauer, wenn diese Wert auf gutes Brauwasser legen.

Beim Brauen mit Malzextrakt, wo der Maischvorgang entfällt, weil er bereits im Produkt integriert ist, fällt das Wasserproblem weniger ins Gewicht. Höchstens dann, wenn man den Gärprozess (höherer Vergärungsgrad), oder die Hopfenintensität inklusive Schaumbildung beeinflussen möchte. Hier ist logischerweise die Zugabe von Braugips angeraten.

Grundsätzlich kann der Hausbrauer aber davon ausgehen, dass er mit dem Wasser, welches aus seiner Leitung fließt, auch brauen kann. Und damit sollte er einfach mal beginnen.

Hopfen

»Die Hopfenblumen sind der Biersieder Würze, denn ohne diese Blumen kann man schwerlich gutes Bier machen.« (Hieronymus Bock, 1539)

Der Hopfen (eigentlich männlich) ist die Seele des Bieres, aber nur wenn er weiblich ist. Ein Widerspruch, der sich dadurch erklärt, dass von der zweigeschlechtlichen Pflanze nur die jungfräulichen, weiblichen Blüten zum Bierbrauen taugen, weil eben nur jene die notwendigen (Bitter-) Stoffe einbringen, welche unser Bier geschmacklich zu dem machen, was es ist.

Obwohl Hopfen kein urdeutsches Gewächs ist, ging der Impuls als zukünftige und unverzichtbare Bier-Zutat vermutlich von der Gegend um Weihenstephan aus in alle Lande. Dies war etwa im 9. Jahrhundert unserer Zeitrechnung.

Um es kurz zu machen. Mit dem Hopfen kam der einzigartige, mehr oder weniger bittere Geschmack ins Bier, den die Bier-Liebhaber in aller Welt so schätzen. Zudem sorgen die Hopfeninhaltsstoffe für längere Haltbarkeit von Bieren, beeinflussen die Schaumbildung positiv und stabilisieren den gesamten Brauprozess.

Lauter optimale Voraussetzungen, um sich später im Reinheitsgebot einen festen Stammplatz zu sichern. So geschehen am 23. April, anno 1516.

Der nachfolgende Aufsatz von Willi Mitter, Brauingenieur und Hopfen-Profi aus Mainburg, welcher dem Autor oftmals geduldig Rede und Antwort stand, soll dem interessierten Leser die Materie „Hopfen“ noch etwas näher bringen und verständlicher machen. Der Autor möchte es an dieser Stelle auch nicht versäumen, sich noch einmal recht herzlich bei Herrn Mitter für dessen freundliche Unterstützung zu bedanken.

Anmerkung
Mit Hopfenblumen meinte der Botaniker Bock selbstverständlich die Hopfen-Dolden.

Kurzer Überblick zum Thema Hopfen und Hopfenprodukte (von W. Mitter)

Der Hopfen zählt zur Familie der Hanfgewächse und ist eine zweihäusige Pflanze, das heißt an einer Pflanze befinden sich entweder nur männliche oder nur weibliche Blüten. Für das Bier sind allerdings nur die weiblichen Pflanzen von Bedeutung, da nur sie Dolden bilden, die später aus den Blüten entstehen. Diese Dolden bestehen aus vielen kleinen Blättern und an den unteren Enden der sogenannten Vorblätter befinden sich taschenartige Falten, in denen innen das Lupulin, also die für den Brauer interessanten Bitterstoffe, sitzen.

Diese Bitterstoffe bezeichnet man auch als Hopfenharze, von denen den sogenannten Alphasäuren die wohl größte Bedeutung in der Bitterwirkung zukommt. Je nach Sorte findet man diese Alphasäuren in einer Konzentration von ca. 2 % bis 15 oder gar 16 %. Dies hängt davon ab, ob es sich um Aroma oder Bitterhopfen handelt.

Die Alphasäuren werden während des Würzekochens einem sogenannten Isomerisierungsprozess unterworfen, wobei durch eine Umwandlung der chemischen Struktur die wasserlöslichen und bitter schmeckenden Iso-Alphasäuren entstehen.

Neben der Bitterwirkung spielt natürlich auch das Hopfenaroma eine ganz große Rolle. Speziell der Einsatz von Aromahopfen zu einem späteren Zeitpunkt der Würzekochung soll die wertvollen Aromastoffe in die Bierwürze überführen.

Außer für Bittere und Aroma zeigt der Hopfen eine Reihe weiterer positiver Eigenschaften im Brauprozess. Die Gerbstoffe sind zum einen für die Eiweißausscheidung beim Würzekochen zuständig und besitzen im fertigen Bier eine reduzierende Wirkung, was bedeutet, dass der in der Flasche vorkommende Restsauerstoff aufgezehrt wird. Hopfen bewirkt ebenfalls eine Schaumverbesserung, wofür die Iso-Alphasäuren verantwortlich sind. Schließlich bleibt noch die sedative und hypnogene Wirkung des Hopfens zu erwähnen. Dieser Eigenschaft verdankt es der Hopfen, dass er auch in der Pharmazie Anwendung findet.

Um beim Brauen bessere Bitterstoffausbeuten zu erzielen und den Einsatz des Hopfens zu erleichtern, werden aus den Hopfen verschiedene Produktarten hergestellt. Dem Natur-

hopfen am nächsten kommen hier die sogenannten Pellets Typ 90. Bei deren Herstellung wird der getrocknete Hopfen zunächst zu Pulver vermahlen und anschließend zu Pellets gepresst und befindet sich damit in einem rieselfähigen Zustand.

Die Bezeichnung Typ 90 rührt daher, dass man bei deren Verarbeitung eine Mengenausbeute von ca. 90-95 % erhält. Der Gewichtsverlust bei der Herstellung kommt zustande durch die Nachtrocknung des Hopfens sowie durch die Entfernung von Fremdgut wie Stengel, Erdklumpen usw.

Ein weiteres Pulverprodukt sind die Konzentrat-Pellets (z.B. Typ 45). Wie der Name bereits aussagt, werden hier die Bitterstoffe angereichert. Durch ein mechanisches Trennverfahren wird dem Hopfenpulver der Doldenblattanteil entzogen. Dadurch erhöht sich der Lupulinanteil und eine Konzentration der Bitterstoffe wird erreicht. Die Hopfenbitterstoffe können auf diese Weise auf mehr als das Doppelte angereichert werden.

Neben der eben beschriebenen mechanischen Anreicherung ist es bei der Extraktion möglich, durch den Einsatz von Lösungsmitteln die Bitterstoffe auf das ca. 5fache anzureichern. In Deutschland kommen nur die natürlichen Lösungsmittel Alkohol und CO_2 zum Einsatz.

Einsatz und Zugabe von Hopfen

Die folgenden Beschreibungen der Hopfen-Produktarten und deren Einsatzmöglichkeiten, sowie diverse Umrechnungs- und Berechnungsformeln, sollen den Hausbrauer bei seinen Braugängen unterstützend begleiten.

Zuvor soll er jedoch wissen, dass die Hopfengabe (mit Ausnahme von Iso-Flüssighopfen) grundsätzlich beim Würzekochen (Hopfenkochen) erfolgt und in einer bis mehreren Zugaben erfolgen kann. Die Hauptgabe (60-70 %), oder bei Einmal-Gabe (100 %) erfolgt immer zu Beginn des Kochens. Konkreter ausgedrückt, so ungefähr 10 Minuten nachdem die Würze zu kochen begonnen hat. Hierfür wird hauptsächlich Bitterhopfen mit höherem α-Säure-Wert verwendet. Eine weitere Zugabe erfolgt in Form von Aromahopfen (30-40 %) meist kurz vor Kochende (ca. 15-20 Minuten davor) und bezweckt, dass das Bier ein hopfenintensives Aroma erhält. Damit wirkt man der Tatsache entgegen, dass sich die für das Aroma zuständigen Hopfenöle während des vorangegangenen Kochens weitestgehend verflüchtigen und ein so gebrautes Bier hauptsächlich einen feinbitteren Charakter mit weniger Hopfenaroma aufweisen würde. Die α-Säure des Bitterhopfens ist höher als die des Aromahopfens. Deshalb auch die logische Zugabe des Aromahopfens erst am Ende der Kochzeit.

Zwischendurch wird dem Bier teilweise auch noch eine dritte oder vierte Hopfengabe verabreicht. Hier kann der Hausbrauer beim individuellen Brauen nach Belieben ausprobieren und testen was seinem Geschmack am nächsten kommt. Ansonsten möge er sich an die Rezepte halten, deren Biere er nachbrauen möchte.

Folgende Angaben dienen beim individuellen Brauen als Richtwerte für die Zugabe von Hopfen:

Biersorten	**Bittereinheiten (BE)**
Bock	25-40 BE
Alt	30-40 BE
Kölsch	20-25 BE
Pils	30-35 BE
Lager	18-22 BE
Export (dunkel)	20-24 BE
Weizen	12-16 BE
Weizen – Bock	15-20 BE
Export (hell)	22-26 BE

Anmerkung
Die Bandbreite der Bittereinheiten bestimmter Biersorten ist groß, wie man sieht. Als „sortentypisch" kann jedoch immer der Mittelwert angenommen werden.

Die **Hopfenbittere** (Bittereinheiten) wird international mit EBU (European Bittering Units) oder mit IBU (International Bittering Units) bezeichnet und ergibt sich wie folgt:

$$\textbf{EBU} = \frac{\text{Hopfengewicht (g) x Alpha-Säure x Ausnutzung (ca. 27 \%)}}{\text{Biervolumen (Liter) x 10}}$$

Mit dieser Formel kann man auch die Bittere seiner individuellen Biere berechnen und bestimmen.

Ermittlung der Hopfengabe

Faktoren:
AM = Alphamenge/-säure (gesamt) in Gramm pro Gesamtbiermenge in Liter.
BE = angestrebte Bittereinheit im Bier (gewünscht oder vorgegeben).
A = zu erwartende Ausbeute = **27 % (= fester Faktor).**
PA = rezeptbedingt vorgegebener oder Wunsch-Anteil der Aromahopfenzugabe in % (bezogen auf AM).
SA = Alphawert in % des verwendeten Aromahopfens.
PB = rezeptbedingt vorgegebener oder Wunsch-Anteil der Bitterhopfenzugabe in % (bezogen auf AM).
SB = Alphawert in % des verwendeten Bitterhopfens.

Aufgabe:
Es sollen 20 Liter Pils mit 30 Bittereinheiten (BE) hergestellt werden. Hierfür sollen 40 % Bitterhopfen und 60 % Aromahopfen verwendet werden. Zur Verfügung stehen 10%-iger Bitterhopfen und 4%-iger Aromahopfen.

Wieviel Gramm von jeder Sorte werden benötigt?

Lösung:

1. Berechnung der Alphamenge **AM (= grundsätzlich)**

$$\frac{\text{BE (30) x 100}}{\text{A (27) x 1.000}} \text{ x 20 Liter} = \textbf{2,22 g Gesamt-Alphamenge für 20 Liter}$$

2. Berechnung des Bitterhopfenanteils

$$\frac{\text{AM (2,22) x PB (40\%) x 100}}{\text{SB (10\%) x 100}} = \textbf{8,88 g (9 g) Bitterhopfen für 20 Liter}$$

3. Berechnung des Aromahopfenanteils

$$\frac{\text{AM (2,22) x PB (60\%) x 100}}{\text{SA (4\%) x 100}} = \textbf{33,3 g (33 g) Aromahopfen für 20 Liter}$$

Mit dieser Methode kann man selbstverständlich auch drei, vier, oder noch mehr Hopfengaben berechnen. Wird z.B. nur Aromahopfen oder nur Bitterhopfen verwendet, sind die Werte für **PA** oder **PB** immer 100 %.

Desweiteren gilt:

☞ *Höhere Hopfengabe* bei hellen Bieren, hoher Stammwürze, weichem Wasser, hohem Vergärungsgrad, längerer Lagerdauer.

☞ *Geringere Hopfengabe* bei dunklen Bieren, niedriger Stammwürze, hartem Wasser, niedrigerem Vergärungsgrad (malziger Geschmack), kurzer Lagerdauer.

Bekannterweise bestätigen Ausnahmen die Regel. So haben sich bei dunklen und mitteldunklen Bock- und Märzenbieren auch hohe Hopfengaben bewährt.

Bei falsch gehopften Bieren kann wie folgt verfahren werden:

☞ *Zu hoch gehopft (bitter):* Lagerdauer erhöhen (notfalls bis zu 3 Monate und länger), da sich die Hopfenbittere nach und nach verliert.

☞ *Zu schwach gehopft:* Falls der Fehler vor dem Schlauchen (Abfüllen) erkannt wird, kann man ihn durch Zugabe von in Alkohol gelöstem, überwiegend nur aus Aroma bestehendem Hopfenöl (5-10 mg pro 20 Liter), bzw. durch Zugabe von ISO-Hopfenextrakt beheben.

Ähnlich verfahren die „Profis" beim sogenannten Hopfenstopfen, bei dem Hopfen einige Tage vor Flaschenabfüllung zwecks Aromaverstärkung z.B. mittels Säckchen in das Nachgärfass gehängt wird. Der Hausbrauer hat allerdings keine akzeptable Chance mehr, ohne erhebliche Qualitätsverluste „nachzuhopfen", wenn er sein Bier bereits geschlaucht, also zur Nachgärung abgefüllt hat. Das „Hopfenstopfen" entspricht nicht dem Reinheitsgebot.

Hopfenarten und ihre Verwendung

Naturhopfen

Hierbei handelt es sich um getrockneten Hopfen im Originalzustand. Wenn in Rezepten nichts anderes angegeben ist, dann handelt es sich praktisch um diese Hopfenart.

Empfehlung
Pellets oder Naturhopfen sind die für den Hausbrauer am geeignetsten Hopfenarten.

Deshalb sind auch eventuelle Umrechnungen nötig. Um das Filtern und Entfernen nach dem Kochen zu erleichtern, verwendet man z.B. Mousselin-Säckchen, in welche er den Naturhopfen gibt, um ihn so mitzukochen.

Hopfen-Pellets

Die Zugabe von Pellets (insbesondere Typ 90) ist unkomplizierter, einfacher und besser dosierbar. Deshalb sind Pellets für den Hausbrauer wohl die geeignetste Hopfenart, zudem sie auch von der Lagerung her optimal zu handhaben sind. Hopfen-Pellets gibt es als Typ 90, welche ungefähr im Verhältnis zum getrockneten Doldenhopfen von 1:1 zugegeben werden können. Wer es genauer machen will zieht bei Typ 90-Zugabe noch ca. 5 % wegen besserer Bitterstoffausbeute ab, um so nächstmöglichst an die exakte Hopfengabe zu kommen. Der Umrechnungsfaktor beträgt also 0,95.

Die andere Pellets-Variante ist der Konzentrat-Typ 45, bei dessen Einsatz man ca. 10 % abziehen kann, was einem Umrechnungsfaktor von ca. 0,90 entspricht. Siehe hierzu auch die nachfolgenden Umrechnungsbeispiele.

Hopfen-Extrakt

Im Großeinsatz bei Brauereien durchaus optimal. Als Hochkonzentrat für den Hausbrauer schon allein wegen Dosierungsschwierigkeiten weniger geeignet.

Iso-Hopfen (flüssig)

Dieser Flüssig-Hopfen ist bereits isomerisiert (siehe auch Aufsatz von Willi Mitter) und braucht deshalb nicht mitgekocht zu werden. Einsatz nach dem Reinheitsgebot nicht erlaubt.

Im Hausbrau-Bereich wird er hauptsächlich beim „einfachen Extraktverfahren“ eingesetzt, wobei die Zugabe erst nach dem Gärprozess, also vor Abfüllung erfolgt. Da Iso-Hopfen hauptsächlich Bittere einbringt, ist es eigentlich notwendig auch noch in Alkohol gelöstes Hopfenöl zuzugeben, um ein feines und angenehmes Hopfenaroma zu bewirken.

Als Richtlinie für den Einsatz von Iso-Flüssig-Hopfen gilt: ca. 2-3 Beutel à 25 ml pro 20 Liter fertiges Bier, unter Hinzugabe von ca. 5 ml 1%igem Hopfenöl.

▲ Querschnitt einer getrockneten Hopfendolde. Die gelben Teilchen am Mittelstrang sind das Lupulin, welches Bitterstoffe, Aroma und Hopfenharze birgt.

▲ Landschaft mit Hopfengärten

▲ In den Fläschchen: Iso-Hopfen (links), Hopfenöl (rechts), unten: getrockneter Naturhopfen (links), Hopfenpellets (rechts)

Hopfenöl (in Alkohol)

Hopfenöl kann man als hochkonzentriertes Hopfen-Aroma bezeichnen, welches mittels Alkohol in besser lösliche Form gebracht und leichter dosierbar gemacht wurde. Die Zugabe erfolgt unmittelbar vor dem Abfüllen des Jungbieres, damit die Aromastoffe sich nicht verflüchtigen können. Dies geschieht hauptsächlich, um dem Bier ein besonderes Hopfen-Aroma zu verleihen, bzw. um eine rechtzeitig erkannte Schwachhopfung auszugleichen. Je nach Problematik werden 5-10 ml (1%iges) Hopfenöl pro 20 Liter Bieransatz zugegeben.

Wie bereits erwähnt, sollte Hopfenöl als Pflichtzugabe bei Verwendung von Iso-Hopfen gelten, wobei ca. 5 ml pro 20 Liter Bier einen ungefähren Richtwert darstellen.

Beim Nachbrauen von Bieren ist es häufig notwendig die Hopfenmenge so umzurechnen, dass sie mit dem Hopfen gebraut werden können, welcher dem Hausbrauer zur Verfügung steht. Dies liegt daran, dass Hopfen verschiedener Anbaugebiete und Jahrgänge, auch verschiedene α-Säure-Werte aufweisen.

Umrechnungsbeispiele

Beispiel 1

a) Die Rezeptangabe lautet 40 g Nordbrauer Hopfen mit einer α-(Alpha-)Säure von 8 %.
b) Zur Verfügung steht Hallertauer Hopfen mit 10 % α-Säure.

Wieviel Gramm Hallertauer Hopfen mit 10 % α-Säure muss als Ersatz eingesetzt werden?

Lösung: Soll-Hopfenmenge (40 g) x Soll-α-Säure (8 %) geteilt durch α-Säure-Wert des Ersatzhopfens (10 %) = 32 g Ersatzhopfen (Hallertauer).

$$\frac{40 \text{ x } 8}{10} = 32$$

Beispiel 2

a) Bei dem Nordbrauer Hopfen handelt es sich um Doldenhopfen.
b) Bei dem zur Verfügung stehenden Hallertauer Hopfen handelt es sich um 90er Pellets.

Wieviel Gramm Hallertauer Hopfen müßte in diesem Fall als Ersatz eingesetzt werden?

$$\frac{40 \times 8 \times 95}{10 \times 100} = 30{,}4$$

Lösung: Soll-Hopfenmenge (40 g) x Soll-α-Säure (8 %) x Faktor für bessere Bitterstoffausbeute (95 %) geteilt durch die α-Säure des Ersatzhopfens (10 %) x 100 = 30,4 g (30 g) Ersatzhopfen.

Beispiel 3

c) Bei dem zur Verfügung stehenden Hallertauer Hopfen handelt es sich um konzentrierte 45er Pellets mit 20 % α-Säure.

Wieviel Gramm Hallertauer Hopfen müßte in diesem Fall als Ersatz eingesetzt werden?

$$\frac{40 \times 8 \times 90}{20 \times 100} = 14{,}4$$

Lösung: Soll-Hopfenmenge (40 g) x Soll-α-Säure (8 %) x Extrakt für bessere Bitterstoffausbeute (90 %) geteilt durch die α-Säure des Ersatz-Hopfen (20 %) x 100 = 14,4 g (14 g) Ersatzhopfen.

Hopfenkochen / Würzekochen

Beim Kochen muss darauf geachtet werden, dass der Hopfen frei in der Würze umherwirbelt, damit sich die Inhaltsstoffe gut lösen können. Pellets eignen sich besonders gut, da sie zu Pulver zerfallen. Hin und wieder unterrühren schadet nichts. Wird der Hopfen (Naturhopfen) z.B. in Mousselin-Säckchen beigekocht, was das spätere Filtern vereinfacht, so muss die Hopfengabe um ca. 20 % erhöht werden. Hier sollte der Hausbrauer einfach ein wenig experimentieren, bis er geschmacklich zufrieden ist.

Der Kochbeginn der Würze zeigt sich an, wenn die Flüssigkeit sprudelt und Blasen aufsteigen, was bei einer Temperatur von ca. 95-100 °C geschieht. Die ideale Kochzeit liegt bei eineinhalb Stunden, also 90 Minuten, welche eine Hopfenbitterstoff-Ausnutzung (= **A** = zu erwartende Ausbeute) von ungefähr 27-30 % erbringt.

Kürzere Kochzeiten sind möglich, gehen aber zu Lasten der Ausnutzung. Deshalb sollte bei Kochzeitverkürzung auf z.B. 60 Minuten (Ausnutzung dann ca. 23-25 %) ungefähr 20 % mehr Hopfen zugegeben werden. Daraus ergibt sich eine ca. 10 %ige Hopfen-Mehrgabe bei 75 Minuten Kochzeit.

Hopfenernte anno 1924. Heute wird das meiste maschinell erledigt. (Nach einer Radierung von Konrad Volkert.)

Mehrgaben beziehen sich jedoch nur auf den Bitterhopfen, bzw. auf den Hopfen, der unmittelbar nach Kochbeginn gegeben wird und welcher die Hauptgabe darstellt. Unter 60 Minuten sollte nicht gekocht werden. Man sollte sich aber besser doch an die Ideal-Kochzeit von 90 Minuten halten, bzw. an die in den Rezepten vorgegebene Kochdauer.

Hopfenzupferinnen „zupfen" die Hopfendolden von den Strängen. Auch dies ist heute nur noch Nostalgie.

Zum Abschluss dieses Kapitels noch eine Aufstellung der bekanntesten in- und ausländischen Hopfensorten:

Hopfensorte	cirka Alpha-Säure	Herkunftsland	Hopfenart
Hallertau Tradition	6 %	Deutschland	Aromahopfen
Hallertau Hersbrucker	5 %	Deutschland	Aromahopfen
Hallertau Mittelfrüh	6 %	Deutschland	Aromahopfen
Nordbrauer	8 %	Deutschland	Bitterhopfen
Perle	10 %	Deutschland	Aromahopfen
Spalter Select	5 %	Deutschland	Aromahopfen
Tettnanger	5 %	Deutschland	Aromahopfen
Brewers Gold	6 %	Deutschland	Allroundhopfen
Saazer	3 %	Tschechien	Aromahopfen
Bramling Cross	6 %	England	Aromahopfen
Challenger	8 %	England	Allroundhopfen
Goldings	5 %	England	Aromahopfen
Progress	6 %	England	Aromahopfen
Target	11 %	England	Bitterhopfen
Cascade	6 %	USA	Allroundhopfen
Fuggles	5 %	USA	Aromahopfen
Mount Hood	5 %	USA	Aromahopfen
Nugget	12 %	USA	Allroundhopfen
Williamette	5 %	USA	Aromahopfen
Styrian Goldings	6 %	Slowenien	Aromahopfen

(Bier-)Hefe

Die Hefe ist das klassische Beispiel wie aus einer Zufallsbekanntschaft eine dauerhafte Verbindung wurde. Bevor die aus Malz, Wasser und Hopfen entstandene Würze endgültig zu Bier wird, kommt die Hefe als viertes und gärungsauslösendes Element zum Einsatz.

Schäumende Arbeit

Gärschaumberg bei der Obergärung

Und dieser Einsatz ist wahrlich heftig. So heftig, dass die Würze richtiggehend schäumt, wie man besonders bei der Obergärung feststellen kann. Letztendlich entsteht bei diesem imposanten Vorgang neben einigen Nebenprodukten hauptsächlich Alkohol und Kohlensäure (Kohlendioxyd), indem die Hefe den für sie lebensnotwendigen Zucker der Bierwürze in eben diese Produkte aufspaltet. Was heute von ausgesprochenen Bier-Hefen erledigt wird, wurde in den Anfängen von sogenannten „wilden Hefen" bewerkstelligt. Das waren Hefen die zufällig in der Luft umherschwirrten, und sich früher oder später in der Bierwürze niederließen um ihren Job mehr oder weniger gut zu tun, was hohe Ausfallquoten nach sich ziehen konnte.

Einst und Heute

Man musste also hauptsächlich mit wilden „obergärigen" Hefen vorlieb nehmen. Denn solche waren vorrangig in der Luft; und zwar besonders häufig in der von frühzeitlichen und mittelalterlichen Backstuben, wegen des dort lagernden Mehls und dessen Verarbeitung.

Das erklärt, warum die damaligen Bäcker wegen dieses Vorteils die geringsten Braufehlerquoten zu verzeichnen hatten und dadurch zu offiziellen Braurechten gelangten. Die Hefe war einst also wirklich eine reine Zufallsbekanntschaft, bezogen auf die anderen, bewusst eingesetzten Braumaterialien und ist deshalb im Reinheitsgebot von 1516 noch nicht berücksichtigt.

Aber auch im Falle der Hefe dauerte es dann nicht mehr allzulange, bis man sich über deren Qualitäten bewusst wurde. Noch im gleichen Jahrhundert erkannte man endgültig deren Funktion und integrierte sie als viertes (Bier-) Element zu Hopfen, Wasser und Malz.

Die obergärige Hefe, nennen wir sie einfach mal Urhefe, konnte nun halbwegs kontrolliert eingesetzt werden. Damit war den Brauern schon viel geholfen, da sie nun gezielt und bewusst agieren konnten. Eine weitere, wichtige Hürde in der Geschichte des Brauwesens war genommen. Im siebzehnten Jahrhundert hat man dann auch die untergärige Hefe entdeckt, die sich wiederum von der obergärigen Hefe unterscheidet.

Man wusste nun, dass die Hefe der Auslöser im Gärprozess ist und die Würze schließlich zu Bier macht. Jedoch erst im neunzehnten Jahrhundert fand Louis Pasteur heraus, dass Mikroorganismen, also Kleinstlebewesen, dafür verantwortlich zeichnen. Exakt handelt es sich auch hier um ein Ferment/Enzym innerhalb der Hefezelle, welches den Malzzucker aufspaltet.

Obergärig – untergärig

Während die obergärige Hefe (Saccaromyces cerevisiae) fruchtige, aromatische und spritzige Biere produziert, ist die untergärige Hefe (Saccaromyces carlsbergensis) mehr für weiche, weniger blumige, sowie milde und lieblich-aromatische Biere zuständig.

Die obergarigen Flüssig und Trocken-Bierhefen arbeiten bei Temperaturen zwischen 18-25 °C und vergären die Bierwürze während der Hauptgärung innerhalb von ca. 2-4 Tagen. Die untergärige Flüssig-Hefe braucht etwa 6-10 Tage bei ca. 5-12 °C. Speziell für den Hausbrauer gibt es jetzt auch eine untergärige Trocken-Bierhefe, die ebenfalls zwischen 18-25 °C arbeitet und somit keine spezielle und umständliche Kühlung benötigt, was natürlich nicht uninteressant ist.

Die Unterschiede der Obergärung zur Untergärung liegen im Absetzen der Hefe, in der Gärtemperatur und in der Haltbarkeit der produzierten Biere. Die untergärigen Biere sind aufgrund der niedrigeren Gärtemperatur länger haltbar, benötigen aber auch wesentlich längere Reife-/Lagerzeiten (ca. 2-6 Monate). Dies soll allerdings nur für die sogenannten Profis, sprich kommerziellen Brauereien gelten.

Obergäriges Bier entsteht und reift dagegen schneller. Dabei spielt die höhere Temperatur wiederum eine entscheidende Rolle. Dafür ist es aber nicht so lange haltbar (ca. 2-3 Monate bei kühler Lagerung), was dem Hausbrauer eigentlich egal sein kann, weil er sicherlich kein Interesse daran hat, mit seinem „Selbstgebrauten" einen Langzeit-Haltbarkeitsrekord zu erringen. Wozu auch?

Der Hausbrauer darf ruhig auch früher schon an sein „Untergäriges", weil letztendlich nicht der brauindustriell vorgegebene, sondern sein eigener Geschmack entscheidet, zu welchem Zeitpunkt er sein Bier verkonsumiert.

Jedes Bier kann übrigens ober- oder untergärig gebraut werden, jedoch mit dem Effekt der bereits beschriebenen, spezifischen Geschmacksmerkmale.

Die vorgenannten Umstände erklären auch die Tatsache, dass früher, genauer gesagt bis ins achtzehnte Jahrhundert (und auch noch später), hauptsächlich obergärig gebraut wurde. Mit Ausnahme von einigen Gebieten mit längerer Winterzeit und der damit verbundenen Möglichkeit genügend Natureis für Kühlzwecke abzubauen und in tiefen, kalten Kellern langfristig einzulagern. Nach diesem Prinzip verfuhr man bis weit in das neunzehnte Jahrhundert. Just bis 1876, denn da erfand und konstruierte Carl von Linde seine Kältemaschine und prompt wurde fast ausschließlich nur noch untergärig gebraut. Zum Glück wird aber seit Jahren, mit steigender Tendenz übrigens, auch wieder obergärig gebraut. Und das ist gut so. Denn was wäre die deutsche Bierlandschaft ohne dieses nuancenreiche Urbier?

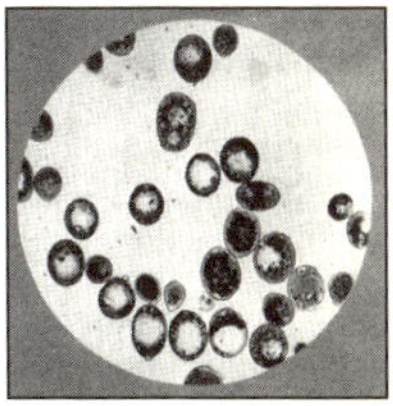

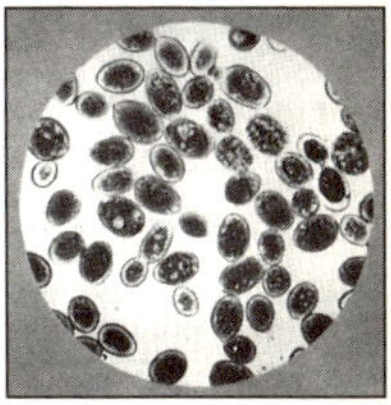

Bierhefen unter dem Mikroskop; oben: untergärige Hefezellen; unten: obergärige Hefezellen.

Hefe-Ernte

Doch zurück zur Hefe. Warum ober-, bzw. untergärig? Die Bezeichnung sagt bereits aus, wo sich die Hefen während der Gärung aufhalten, bzw. ablagern. Die obergärige Hefe setzt sich an der Würzeoberfläche ab, weil die einzelnen Hefezellen in einer Art Verbund aneinander hängen, wodurch sie eine relativ große Angriffsfläche für die aufsteigende Kohlensäure (Gärblasen) bietet und somit regelrecht an die Oberfläche gedrückt werden. Die untergärigen Hefezellen dagegen sind Einzelkämpfer, an denen die

Gärblasen ohne große Andockmöglichkeit nach oben vorbeitreiben. Also setzen sie sich durch Absinken logischerweise am Boden des Gärbehälters ab. Dort kann sie übrigens der Hausbrauer, wie´s der Profi auch tut, nach der Hauptgärung und dem Schlauchen „ernten“. Nach Möglichkeit aber nur den Teil, der sich zwischen Ober- und Bodendecke der abgelagerten Hefe befindet. „Ernten“, besser gesagt abschöpfen, kann er natürlich auch die sich an der Oberfläche abgesetzte obergärige Hefe, solange diese dort verweilt. Denn irgendwann, wenn keine Gärblasen mehr aufsteigen, verzieht sich auch die „obergärige“ nach unten.

Vermehrung und Aufbewahrung

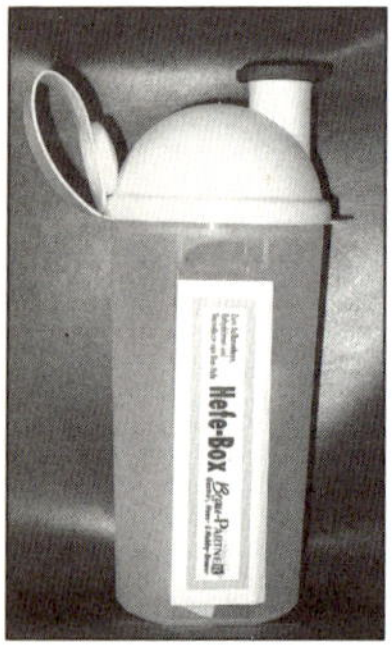

Verschließbare Hefebox mit Entgasungsventil

Erwähnenswert ist noch, dass sich die Hefe durch Zellteilung während des Gärprozesses mehr als vervierfacht. Es gibt also genug zum Ernten. Die auf diese Weise gewonnene Hefe kann der Hausbrauer unter optimalen Bedingungen einige Male wiederverwenden, wenn er sie z.B. in einem Schraubverschlußglas, oder aber noch besser, in einer beim Fachhandel erhältlichen Hefe-Box mit Entgasungsventil im Kühlschrank bis zum nächsten Einsatz aufbewahrt. Zwischen den einzelnen Einsätzen sollten jedoch bei untergäriger Hefe nicht mehr als etwa 14 Tage Lagerzeit liegen, da man sonst Gefahr läuft, dass der nächste Sud durch unerwünschte Mikroorganismen (Bakterien), bzw. durch Absterben und daraus resultierender Inaktivität der Hefezellen, zunichte gemacht wird. Sicherheitshalber sollte sich der Heimbrauer für seine Braugänge dann doch besser neue Hefe bei seinem Händler beschaffen.

Merke:

Geerntete, obergärige Hefe ist weit weniger anfällig als untergärige. Sie kann unter Hausbrauer-Bedingungen länger (bis zu 8 Wochen) aufbewahrt und auch öfters „geführt“ (eingesetzt)werden. Beide Hefen, vorrangig aber die untergärige, sollte man, wenn innerhalb von 14 Tagen kein erneuter Braugang geplant ist, z.B. in aus Malzextrakt hergestellte, ca 12%ige Würze (2-3 Liter) geben und „arbeiten“ (gären) lassen. Dies regeneriert und vermehrt die Hefe wiederholt und sie kann wiederum einige Zeit wie beschrieben aufbewahrt werden.

Info
In der Brauersprache heißt die Hefe „Zeug“ (der Zeug), die Hefezugabe in die Würze „Zeug geben“ und der erfolgte Gärbeginn „der Zeug ist angekommen“.

Reinzucht

Desweiteren ist noch wichtig, dass die verwendeten Hefen reinrassig sind, also gleichen Geschmack produzieren. Diese Voraussetzungen waren früher kaum gegeben, heutzutage aber durch die sogenannten Hefe-Reinzuchtanstalten gewährleistet, in welchen aus der kleinsten Hefezelle jede beliebige Menge von haargenau gleicher Hefe für ein ebenso gleichschmeckendes Bier produziert wird.

Info
Dem Dänen Christian Hansen gelang es als Erstem, eine einzelne Hefezelle zu isolieren und sie auf künstlichem Nährboden zu vermehren . Mit der nun möglich gewordenen Hefezucht wurde der Gärprozess reiner und das Bier geschmacklich noch besser.

Flüssig oder trocken?

Trocken-Bierhefe

Der Hausbrauer wird sich einfachheitshalber und aus Kostengründen an Trocken-Bierhefe halten, was er prinzipiell auch ohne größere Bedenken kann, da diese zudem wesentlich günstiger als Flüssighefe ist. Obergärige und untergärige Trocken-Bierhefe in spezieller Verpackung hält gekühlt ca. 1½ Jahre. Damit die Trocken-Bierhefe schnellstens in der Würze ankommt, also zu gären beginnt, kann und sollte sie der Hausbrauer zuvor „rehydrieren“ (verflüssigen). Hierfür entnimmt er der Würze ca. 200 ml Flüssigkeit und erwärmt diese durch Warmwasserzugabe auf 35 °C – max. 39 °C (nicht darüber, da die Hefezellen sonst absterben). Nun gibt er die Trockenhefe, egal ob es sich um die obergärige, oder die untergärige handelt, dazu und rührt diese sanft unter. Als Flüssigkeit kann man anstatt Würze auch auf entsprechende Temperatur erwärmtes Wasser unter Hinzugabe von 2-3 EL Zucker oder Malzextrakt verwenden. Nach ca. 30-90 Minuten sollte sich eine Schaumschicht auf dem Rehydrat bilden, welche anzeigt, dass die Hefe eingesetzt und nun der Würze zugegeben und kräftig untergerührt werden kann. Anfänglich wiederholtes Rühren fördert übrigens Gärbeginn und -intensität durch Sauerstoffzufuhr.

Zuvor ist es jedoch notwendig, die rehydrierte Hefe der Würzetemperatur bis auf +/- 5 °C anzupassen, damit die Hefe keinen „Schock" erleidet und ausfällt.

Flüssig-Bierhefe

Bei Verwendung von Flüssig-Bierhefe sind die Instruktionen des Herstellers unbedingt zu beachten, damit der Gärprozess optimal verläuft. Flüssige Reinzuchthefen vom Fachhandel, meist 50 ml Inhalt, verhelfen dem Bier zu einem ganz speziellen und je nach Stamm, zu einem ganz bestimmten Geschmack. Dies ist der große Vorteil gegenüber den geradlinigen Trockenhefen, deren Geschmacksergebnisse lediglich durch die Zusammenstellung der Schüttung beeinflusst werden können. Auch ist der Gärverlauf von Flüssighefen intensiver und ausgeprägter. Wenn jemand öfters braut, so kann er die Mehrkosten für Flüssighefe, durch mehrfaches „ernten" und „führen", leicht wett machen. Es gibt sie zwischenzeitlich auch schon für die „direkte Zugabe", d.h., die Hefe muss nicht mehr einen Tag zuvor „gestartet" (angesetzt) werden.

Flüssighefen von „White-Labs" sind zu empfehlen, da diese zertifiziert reinrassig, besonders gäraktiv und speziell für Heim- und Gasthausbrauer konzipiert sind. Auch die Flüssighefe muss natürlich der Temperatur der zu vergärenden Würze, vor Zugabe, bis auf +/– 5 °C angepasst werden.

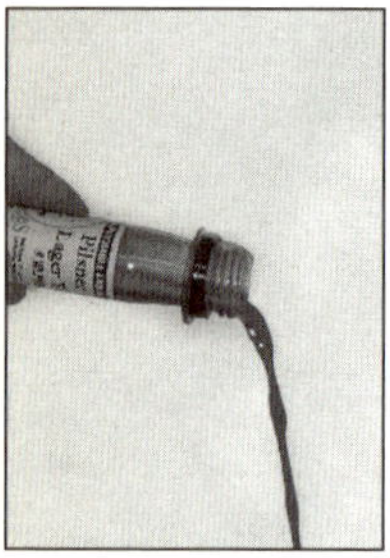

Zugabefertige Flüssighefe

Hinweis

Zwecks schnellerer Angärung (Deckenbildung) sollen und können untergärige Flüssighefen zuerst einmal bei Zimmertemperatur zugegeben werden, bevor die Anstellwürze langsam auf untergärige Gärtemperatur (7-12 °C) heruntergekühlt wird. Deshalb sollte man über entsprechend kühle Räume, oder geräumige Kühlschränke verfügen, bzw. die „kalte" Jahreszeit für seine untergärigen Braugänge (mit Flüssighefe) nutzen.

Sonstige Hilfsmittel, Möglichkeiten und Methoden

Es gibt etliche Mittel um Bier „optimal" und „langlebig" in die Gläser der Konsumenten zu bringen. Ob dies aber immer so optimal ist, sei in Frage gestellt. Der Hausbrauer hat auch kaum geeignete Möglichkeiten, entsprechende Hilfsmittel fließend, also ohne Qualitätsverluste für sein Bier, in den Brauprozess einzubeziehen.

Darauf kann er auch getrost verzichten. Denn sein Bier wird stets den Vorteil der Ursprünglichkeit und der Unverfälschtheit gegenüber einem behandelten Gerstensaft haben.

Dennoch sollen nachfolgend einige dieser Möglichkeiten kurz erklärt werden, welcher man sich theoretisch bedienen könnte, wobei die meisten davon dem Reinheitsgebot allerdings nicht entsprechen.

Schaummittel

Mittel, die den Bierschaum verbessern, sind in Deutschland verboten. Im Ausland werden hierfür teilweise Eisensalze zugesetzt. Allerdings häufig auf Kosten des Geschmacks. Der routinierte Hausbrauer wird mit dem Schaum wenig Probleme haben, so dass solche Zusätze für ihn bedeutungslos sind.

Klärmittel

Das gebraute Bier klärt sich im Laufe der Lagerzeit selbst. Das eine mehr, das andere weniger. Der Hausbrauer möge es einfach so hinnehmen. Falls er doch weitestgehende Klärung wünscht, müsste er chemische Mittel verwenden, da er eine Ausfiltrierung der Trubteile ohne Kohlensäureverlust, wie es Brauereien aufgrund ihrer maschinellen Ausstattung möglich ist, kaum bewerkstelligen kann.

Die nachfolgend genannten Klärmittel behaften sich alle mit den im Bier befindlichen Trub- und Hefeteilchen und setzen sich zusammen mit diesen am Boden ab, wodurch sich das darüberstehende Bier klärt.

In Deutschland dürfen nur solche Mittel zur Bierklärung und -stabilität verwendet werden, welche sich wieder vollständig aus dem Bier entfernen lassen. Also nur technische Stoffe und keine chemisch wirkenden Mittel.

Tannin

Ein Gerbstoff, der Proteine (Eiweißstoffe) ausfällt. Für den Hausbrauer nicht geeignet und nach dem Reinheitsgebot auch nicht erlaubt. Wird meist in den letzten Tagen der Lagerung, professionell gesehen kurz vor dem Abfüllen, eingesetzt.

Irisch Moos

Wird auch als „Isländisch Moos", „Agar-Agar" oder auch als „Karaghen-Moos" bezeichnet. Dieses Hilfsmittel ist nach dem Reinheitsgebot ebenfalls nicht erlaubt. Es fällt Eiweiß aus und trägt somit zur Klärung und zu einer gewissen Bierstabilität bei.

Hausenblase

Hierbei handelt es sich um die getrocknete Fischblase vom Stör. Diese wird auch als „isinglas" oder „Fischleim" bezeichnet und ist als Klärmittel nach dem Reinheitsgebot wiederum verboten. Falls jemand dennoch sein Bier mit Hilfsmitteln klären möchte, so sei ihm wohl zur Hausenblase geraten, da diese am besten in den Hausbrau-Prozess zu integrieren ist. Der Fachhandel liefert dieses Mittel z.B. verflüssigt (25 ml), welches für 20-25 l Bieransatz reicht und dem Jungbier nach Ende der Hauptgärung zugegeben (untergerührt) wird.

Aktivkohle und Späne

Hilfsmittel, die aus Steinnussschalen, Knochen oder aus diversen Hölzern hergestellt werden und aufgrund ihrer porösen Außenfläche unerwünschte Stoffe des Bieres anlagern, um sie diesem dadurch zu entziehen. Insbesondere werden sie auch zur Bieraufhellung und Geschmacksverbesserung bei entsprechend festgestellten Fehlern eingesetzt, wobei mit nicht unerheblichen Nebenwirkungen (z.B. Schaumverlust) zu rechnen ist.

Konservierung

Das Pasteurisieren sei abschließend noch als eine, jedoch qualitätsmindernde Möglichkeit erwähnt, um Bier fast unbegrenzt haltbar zu machen. Doch muss dies eigentlich sein? Wahrscheinlich immer dann, wenn gewinnorientierte Interessen dahinterstehen.

Man verkoste einfach mal bewusst ein Dosenbier, oder einen speziell für den Export hergestellten Gerstensaft, um ganz leicht den kleinen (?), geschmacklichen Unterschied festzustellen. Aber in der Not frisst der Teufel ja bekanntlich Fliegen. Dies gilt im abgewandelten Sinne wohl auch für den in Durst geratenen Bierfreund, der in Ermangelung eines realen Angebotes notgedrungen auf „Büchsenbräu" oder ähnliches zurückgreift.

Wissenswertes vor dem Brauen

Die nachfolgend erläuterten Themen, Vorgänge und Utensilien sind für den (Haus-)Brauer ebenfalls von Wichtigkeit und deshalb auch nützlich und hilfreich für seine späteren Brauvorhaben.

Schüttung

Hierbei handelt es sich um die annähernd berechnete, bzw. per Rezeptur vorgegebene Gesamtmenge von geschroteten Malzen (und eventuellen Ersatz- und Zusatzstoffen), welche zum Brauen eines bestimmten Bieres benötigt werden.

Als Richtwert für den Hausbrauer gilt: Ca. 4,5 bis 5,0 kg Schüttung für 20 Liter Vollbier.

Stammwürze

Die Menge der Schüttung beeinflusst die Höhe der Stammwürze und des Alkoholgehaltes. Je höher die Schüttung, desto höher die Stammwürze und auch der Alkoholgehalt. Beide Begriffe (Stammwürze und Alkoholgehalt) werden, weil in Prozenten ausgedrückt, häufig verwechselt, bzw. gleichgestellt. Was jedoch falsch ist. Die Stammwürze ist der nach dem Würze-/Hopfenkochen mit der Bierspindel gemessene Extraktgehalt (prozentuale Gewichtsanteil der durch das Maischen gelösten Stoffe) der Bierwürze vor der Hauptgärung. Bei den gelösten Stoffen handelt es sich um vergärbaren Malzzucker (ca. 65-85 %) und um einige nichtvergärbare Zucker und Stoffe, wie z.B. Eiweiß und Spurenelemente (ca. 15-35 %). Die Menge der nichtvergärbaren Stoffe spiegeln auch den Endvergärungspunkt wieder (siehe Schnellvergärungsprobe) und sind bei dunklen Bieren allgemein höher als bei hellen.

Alkoholgehalt

Der Alkoholgehalt, wie auch die Kohlensäure entsteht durch die Vergärung des Malzzuckers, also durch den vergärbaren Extraktanteil (vergärbare Zucker) der Stammwürze, mittels Bierhefe. Daraus ergibt sich, dass der Anteil an unvergärbaren Stoffen (u.a. Dextrine) übrig bleibt. Der Anteil dieser Stoffe kann durch die sogenannte Schnellvergärungsprobe (siehe entsprechendes Kapitel) ermittelt werden. Die Differenz dieses Ergebnisses zum Stammwürzegehalt dividiert durch 2 ergibt den ungefähren Alkoholgehalt des jeweiligen Bieres.

Man kann den ungefähren Alkoholgehalt gemäß nachfolgenden Beispielen bestimmen.

Beispiel 1 **Theoretische Alkoholbestimmung** (nicht so genau)

Stammwürzegehalt (angenommen/vorgegeben)	= 12,0 %
./. nicht vergärbarer Anteil (ca. 25 %)	= 3,0 % (angenommen)
	= 9,0 % : 2
	= ca. 4,5 % Alkoholgehalt

Beispiel 2 **Praktische Alkoholbestimmung** (genauer)

Stammwürzegehalt (gespindelt)	= 12,8 %
./. nicht vergärbarer Anteil nach Schnellvergärungsprobe (Endvergärungspunkt)	= 3,4 % (gemessen)
	= 9,4 % : 2
	= ca. 4,7 % Alkoholgehalt

Die laufende Alkoholbildung kann übrigens während der Überwachung der Hauptgärung mit Hilfe einer in der Würze schwimmend eingesetzten Bierspindel als interessante Nebenbeobachtung verfolgt werden. Nebenbeobachtung deswegen, weil die schwimmende Spindel in erster Linie dazu dient, den richtigen Abfüllzeitpunkt für die Nachgärung nicht zu verpassen. Dazu jedoch etwas später. Die in der Würze dümpelnde Bierspindel zeigt auf jeden Fall auch die voranschreitende Alkoholbildung an, welche man wie zuvor beschrieben errechnet.

Trockenhefe ►
aus dem Päckchen
(Päckchen ist
speziell begast,
damit der Hefe
nichts passiert)

Flüssige ►
Reinzuchthefen
in speziellen
Kleinstverpackungen
für den Hausbrauer-
Einsatz

rehydrierte ►
Trocken-Bierhefe

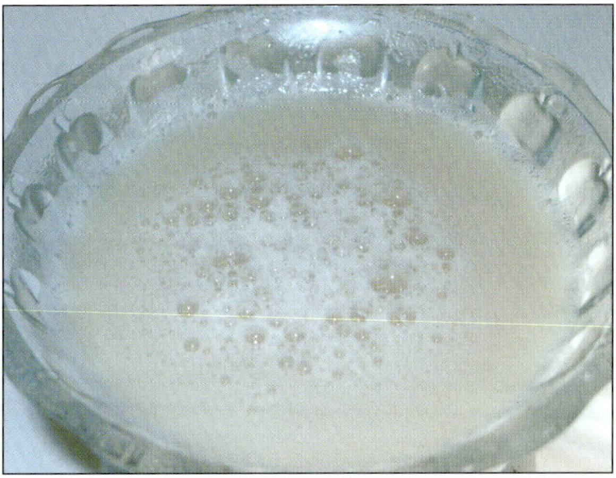

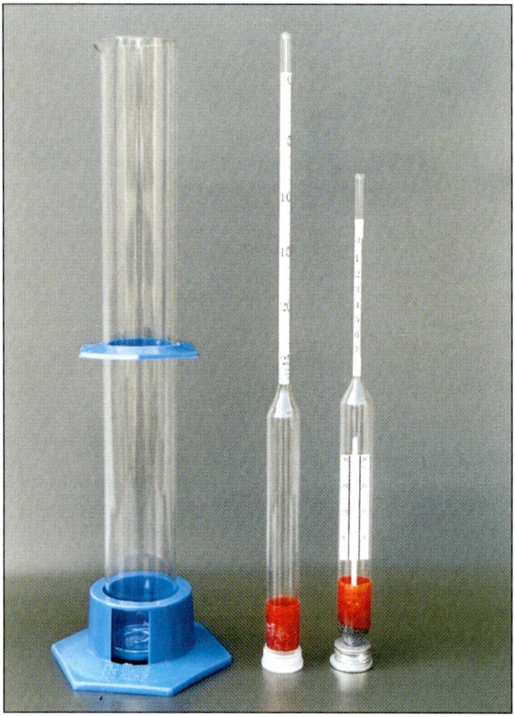

◄ von links:
- Glaszylinder (Spindelzylinder)
- Bierspindel (Standard 0 bis 25%)
- spezielle Bierspindel für den Abfüllzeitpunkt (0-7%) mit Thermometer

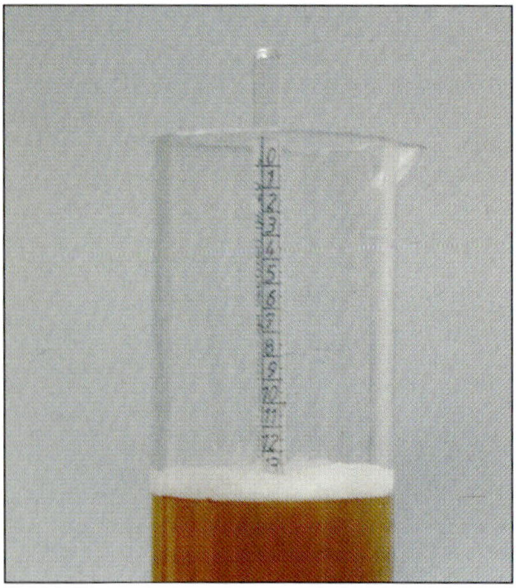

▲ Spindelmessung im Zylinder: Spindel steht noch weit heraus. Das bedeutet, die Gärung ist im Anfangsstadium.

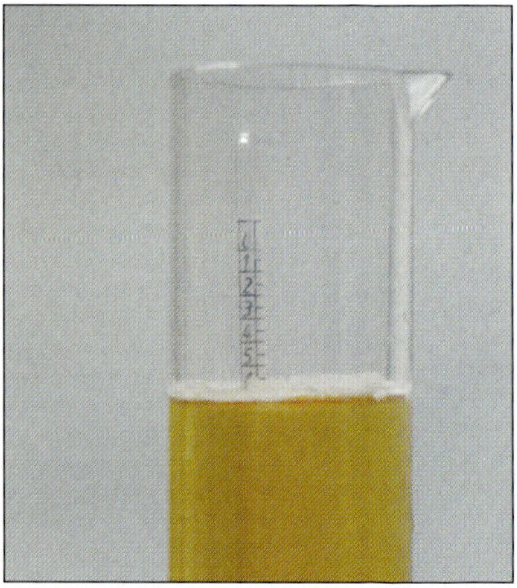

▲ Die Spindel ist bereits tiefer eingesunken, also befindet sich die Gärung im fortgeschrittenen Stadium. Man sieht es auch daran, dass die Würzfarbe klarer wurde, weil nicht mehr so viel Hefeteilchen in Schwebe sind.

Ungefähre Bestimmung des sich gebildeten Alkoholgehaltes während der Hauptgärung **Beispiel 3**

Annahme: Stammwürze vor der Hauptgärung = 12,5 %

a) (Spindelbeobachtung bei z.B. 8,5 % Restwürze)
12,5 – 8,5 = 4 : 2 = ca. 2 % Alkohol

b) (Spindelbeobachtung bei z.B. 6,0 % Restwürze)
12,5 – 6,0 = 6,5 : 2 = ca. 3,25 % Alkohol

c) (Spindelbeobachtung bei z.B. 4,5 % Restwürze)
12,5 – 4,5 = 8 : 2 = ca. 4 % Alkohol

Letzte Messung/Beobachtung deutet darauf hin, dass der Abfüllzeitpunkt bald erreicht ist.

Bierspindel/Saccharometer

Mit der Bierspindel (Senkspindel) werden die aus dem Malz gelösten Extraktteile (vergärbare und nicht vergärbare Stoffe/Zucker) prozentual gemessen. Sie arbeitet nach dem Verdrängungsprinzip. Also wird sie in eine leichte (wässrige) Flüssigkeit tiefer eintauchen als in eine schwere, dickflüssigere. Bezogen auf den Brauvorgang wird die Bierspindel zur Feststellung der Stammwürze vor dem Anstellen (Gärbeginn), zur Beobachtung des Gärverlaufes und interessehalber zur Feststellung des prozentualen Zuckergewichtes der Vorderwürze, der Nachgüsse und der Pfannenvollwürze nach dem Abläutern eingesetzt. Bei Gärbeginn, bzw. bei einem noch hohen Zuckeranteil der Stammwürze, also schwerer Flüssigkeit, steht die Spindel relativ weit nach oben aus der Würze heraus. Mit fortschreitender Gärung, wodurch der Zucker mehr und mehr in Alkohol und Kohlensäure umgewandelt wird, sinkt auch die Spindel immer weiter nach unten und zeigt dem Hausbrauer an, wieviel Prozent der ursprünglichen Stammwürze bereits aufgespalten (vergärt) und wieviel Alkohol in etwa gebildet wurde (siehe auch vorheriges Kapitel).

Der „scheinbare" Vergärungsgrad

Mit der Bierspindel (Saccharometer) wird also der für die Praxis wichtige, scheinbare Vergärungsgrad in % gemessen, der sich aus der jeweiligen Anzeige der Spindel ergibt, und dem (Haus-)Brauer als Überwachungs- und Entscheidungshilfe während und nach der Gärung dient.

Der „wirkliche" Vergärungsgrad

Dieser ist für den Brauvorgang nicht so wichtig. Er liegt etwas höher als der „scheinbare", wegen des sich noch im Bier befindlichen Alkohols, welcher vor der Messung abdestilliert und durch gleiche Wassermenge ersetzt wird. Er ist dann zu ermitteln, wenn der exakte Alkoholgehalt eines Bieres berechnet werden soll.

Endvergärungsgrad

Beispiel
Bei einem dunklen Bier mit 12,5 % Stammwürze müsste der Restextrakt (Endvergärungspunkt) somit bei 3,1-4,0 % liegen (= 68 % bzw. 75 % von 12,5 % Stammwürze).

Selbiger stellt den überhaupt erreichbaren, höchst möglichen Vergärungsgrad der Bierwürze dar (siehe auch Kapitel „Schnellvergärungsprobe"). Er drückt sich in Prozent des Gesamt-Würzeextraktes (Stammwürze) aus und gibt die Summe aller in einer Würze enthaltenen, durch Hefe vergärbare, Zucker an.

Biersorten	Soll- Endvergärungsgrade in %
Helle Lagerbiere	78-82%
Exportbiere	80-85%
Pilsener	80-85%
Helle Bockbiere	80-84%
Dunkle Biere	68-75%
Hefeweizen	76-83%

Berechnung des Endvergärungsgrades eines (selbstgebrauten) Bieres

Endvergärungsgrad (%) =

$$\frac{\text{Stammwürze (\%)} - \text{Restextrakt (\%) nach Schnellvergärung} \times 100}{\text{Stammwürze (\%)}}$$

Berechnung eines beliebigen Vergärungsgrades einer Würze während des Gärprozesses oder Brauvorgangs

Vergärungsgrad (%) =

$$\frac{\text{Stammwürze (\%)} - \text{Spindelwürze (\%)} \times 100}{\text{Stammwürze (\%)}}$$

Hinweis

Wirklich wichtig für den Hausbrauer ist eigentlich nur der *„scheinbare Vergärungsgrad"* und der *„Restextrakt/Endvergärungspunkt"*, sowie dessen Berechnung, wie im Kapitel *„Schnellvergärungsprobe und Abfüllzeitpunkt"* beschrieben. Die vorstehenden Formeln und Erläuterungen sollen hauptsächlich zur Information dienen.

Zur weiteren Kenntnisnahme

Gärkellervergärungsgrad: *Vergärungsgrad des Jungbieres beim Schlauchen*

Ausstoßvergärungsgrad: *Vergärungsgrad des fertigen Bieres im Lagerkeller vor Abfüllung in Flaschen oder Fässer*

Einsatzmöglichkeiten der Bierspindel

Die meisten Spindeln sind heute auf eine Ablesetemperatur von 20 °C geeicht und herstellerbedingt entweder am Meniskus (Flüssigkeitsbogen) unten oder oben ablesbar. Ergebniskorrekturen sind dann nötig, wenn gravierende Temperaturunterschiede zur Eichtemperatur gegeben sind. Temperaturschwankungen bewirken bei einer Flüssigkeit, dass sie sich bei Erwärmung ausdehnt und bei abnehmender Wärme zusammenzieht. Bei Ausdehnung, also Erwärmung, bedeutet dies eine Zunahme der Flüssigkeitsmenge bei gleichbleibendem Gewicht, wobei die Spindel zwar die gleiche Flüssigkeit verdrängt, aber nicht ganz so tief eintaucht und deshalb einen geringeren Extraktgehalt anzeigt. Unterhalb der 20 °C-Eichtemperatur ist die Reaktion genau umgekehrt.

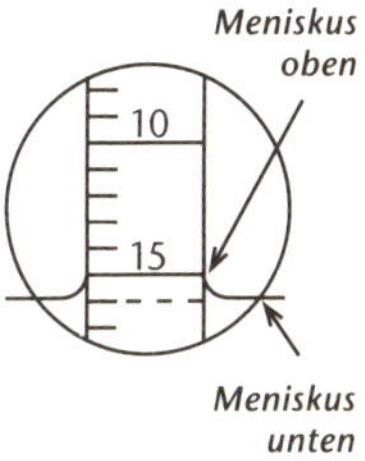

Wenn Spindelmessungen vorgenommen werden, sollte man auch immer die Temperatur der Würze messen. Es gibt Bierspindeln mit eingebautem Thermometer. Diese haben aber den Nachteil, dass sie teurer sind. Man kommt anfangs ganz gut mit den wesentlich günstigeren, aber ebenso brauchbaren Spindeln ohne Thermometer aus. Zu Temperaturmessungen benutzt man einfach ein Allzweckthermometer, dass man später auch zur Gärtemperaturmessung verwenden kann.

Bei obergäriger Brauweise zwischen 18 °C und 22 °C sind im Prinzip keine Korrekturen nötig. Diese sogenannten Zimmertemperaturen wird der Hausbrauer wohl am häufigsten vorfinden.

Ansonsten gilt folgende Korrekturtabelle:

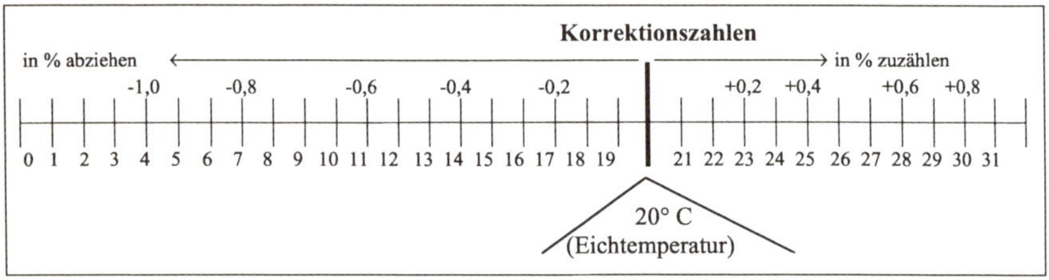

Beispiele folgen bei der Erklärung der Spindeleinsatzmöglichkeiten.

Es ist noch wichtig zu wissen, dass Vergleichsmessungen, wie z.B. bei der Schnellvergärungsprobe, einfachheitshalber bei gleichen Flüssigkeitstemperaturen vorgenommen werden sollen, um komplizierte Umrechnungen zu vermeiden (siehe auch vorstehendes Kapitel).

Die Bierspindel kann entweder frei schwimmend (z.B. bei der Beobachtung des Gärverlaufes) im Gärbehälter eingesetzt werden, oder in sogenannten Messzylindern (Spindelzylindern) aus Glas oder Kunststoff. Diese fassen in der Regel 100-250 ml Würze. Zum Messen einer Flüssigkeit wird der Spindelzylinder mit der jeweiligen Flüssigkeit befüllt und dann die Bierspindel vorsichtig eingesetzt, um anschließend das Ergebnis an der Skala abzulesen. Um genaue Ergebnisse zu erhalten, ist es bei gärender Flüssigkeit/ Würze notwendig, dass diese im Messzylinder so lange geschüttelt wird, bis sich die Kohlensäure verflüchtigt hat, da diese einen Auftrieb der Spindel bewirkt, was wiederum das Ergebnis verfälschen würde.

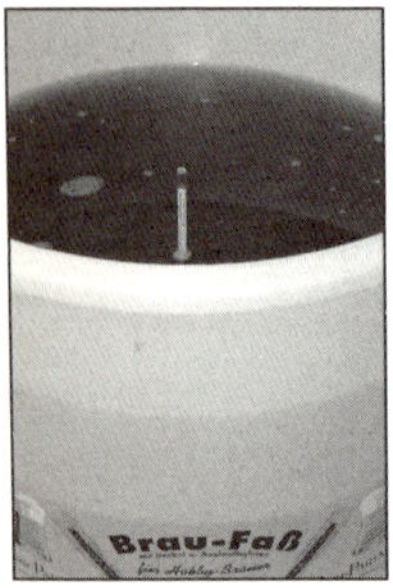

Bierspindel zur Überwachung des Gärverlaufs, frei schwimmend im Gärbottich eingesetzt.

Zusätzlich ist zu empfehlen, die eingesetzte Spindel vorsichtig mit Daumen und Zeigefinger wie einen Kreisel zu beschleunigen, wodurch nochmals eventuelle Kohlesäureblasen abgeschüttelt werden und ein Anhaften der Spindel an den Zylinderrand verhindert wird, welches ebenfalls zu falschen Messergebnissen führen könnte. Zwischen Spindelkörper und Zylinderrand sollte deshalb rundum ungefähr 7 mm Abstand sein.

Messvorgänge mit der Bierspindel

➭ Beobachtung des Maischergebnisses (Vorderwürze, Nachgüsse, Pfannenvollwürze)
Messung am besten im Messzylinder. Kohlensäureentfernung durch Schütteln ist nicht nötig. Soweit wie möglich runterkühlen. Korrektur trotzdem nötig, da sich die zu messenden Würzetemperaturen wahrscheinlich außerhalb der Eichtemperatur befinden.

Beispiel: Temperatur = 33 °C, Messergebnis (z.B. Vorderwürze) = 22 % Extraktgehalt + 1 % Korrektur = 23 % tatsächlicher Extraktgehalt

➭ Stammwürzebestimmung
Messung kann mit schwimmend eingesetzer Spindel im Gärbottich vorgenommen werden. Korrektur nur dann, wenn Würzetemperatur außerhalb 18-22 °C (Zimmertemperatur) liegt.

Beispiel: Temperatur = 24 °C, Messergebnis = 12 % Extraktgehalt + 0,2 % Korrektur = 12,2 % tatsächlicher Extraktgehalt (Stammwürze).

➭ Beobachtung des Gärverlaufes
Messung kann schwimmend und fortlaufend im Gärbottich erfolgen. Nur ungefähre Messung möglich, da Kohlensäureauftrieb. Korrekturen sind nicht nötig. Dient nur zur Überwachung um den richtigen Abfüllzeitpunkt nicht zu verpassen.

➭ Durchführung der Schnellvergärungsprobe (detaillierte Beschreibung nachfolgend)
Messung im Messzylinder. Kohlensäureentfernung durch Schütteln ist zwar nicht mehr nötig, aber sicherheitshalber dennoch angeraten.Temperatur danach auf Würzetemperatur einstellen und nur korrigieren, wenn sich beide Flüssigkeiten außerhalb der Zimmertemperatur (Eichtemperatur) befinden.

Hinweis
Es ist angeraten, die den jeweiligen Bierspindeln (meistens) beiliegenden Anwendungshinweise unbedingt zu beachten.

➭ **Bestimmung des Abfüllzeitpunktes**
Messung im Messzylinder. Kohlensäureentfernung durch Schütteln ist notwendig. Korrektur nur dann, wenn sich die Würzetemperatur außerhalb der Zimmertemperatur, bzw. Eichtemperatur befindet.

Schnellvergärungsprobe und Abfüllzeitpunkt

Abfüllzeitpunkt

Nach der Hauptgärung wird das „Jungbier" geschlaucht. Schlauchen bedeutet nichts anderes als Abfüllen in entsprechende Behältnisse zum Zwecke der Nachgärung. Während Brauereien in spezielle Nachgärtanks schlauchen, füllt der Hausbrauer sein Jungbier in Flaschen oder in für ihn geeignete Fässer ab. In diesen soll die Nachgärung unter völligem Verschluss erfolgen, damit sich das Bier mit Kohlensäure anreichert und sich der Restalkohol bilden kann. Dafür ist es notwendig, dass der richtige Abfüllzeitpunkt getroffen wird. Nämlich der Zeitpunkt, wo noch genügend Restzucker im Jungbier vorhanden ist, um die notwendige Nachgärung zu aktivieren. Der Hausbrauer hat hierfür drei Möglichkeiten.

Hinweis
Wegen der oftmals allzu raschen Hauptgärung bei obergärigen Bieren lassen viele Brauer ihren Sud bewusst fast endvergären und geben dann die so genannte „Speise" dem Jungbier vor dem Schlauchen zu (siehe auch Seite 183).

Warten bis keine Gärblasen mehr aufsteigen

Die erste Möglichkeit ist, diesen Zeitpunkt zu ignorieren bis die Hauptgärung soweit fortgeschritten ist, dass keine Gärblasen mehr aufsteigen. In diesem Fall muss er allerdings etwas Zucker, bzw. Malzextrakt oder „Speise" in seine Nachgärbehältnisse geben bevor er sein Jungbier schlaucht, um dadurch die notwendige Nachgärung in Gang zu bringen, die letztendlich durch die noch aktive Resthefe im „jungen" Bier bewirkt wird.

Erfahrung zählt

Die zweite Möglichkeit ist die „Erfahrungs-Methode", die jedoch wirklich nur „erfahrene" Hausbrauer praktizieren sollten. Denn wer ohne solche z.B. viel zu früh aus der Hauptgärung aussteigt, hat Kohlensäure-Bömbchen mit Zuckergeschmack im Keller, die er durch stetiges „Dampfablassen" (Druckkontrollen) entschärfen muss. Auf der anderen Seite hat er eine lasche Brühe in der Flasche, wenn er versehentlich zu spät in die Nachgärung geht. Im letzteren Fall hilft aber immer noch die Zuckerzugabe gemäß der ersten Möglichkeit, wenn das Problem rechtzeitig erkannt wird.

Schnellvergärungsprobe

Die dritte und professionellste Methode ist das Schlauchen zum richtigen Zeitpunkt. Nämlich dann, wenn die Hauptgärung so weit fortgeschritten ist, dass gerade noch genügend vergärbarer Restzucker übrigbleibt, der für die notwendige Nachgärung sorgt. Die Feststellung dieses Zeitpunktes gelingt durch die Schnellvergärungsprobe, auch Schnellbestimmungsmethode genannt.

Hierfür entnimmt er gleich bei Gärbeginn (wenn die Hefe „angekommen" ist) der mit ober- oder untergäriger Hefe angestellten Würze ungefähr 0,25 l Flüssigkeit, um diese in einem offenen Glas, an einem wesentlich wärmeren Platz (25-35 °C) wie dem des Hauptsudes (z.B. an Sonnenfenstern oder in Ofennähe), schnell- und endvergären zu lassen.

Dies geschieht rascher als die Vergärung der Hauptwürze. Die Schnellvergärungswürze sollte immer wieder geschüttelt oder umgerührt werden, damit die Bier-Hefe den Extrakt gut erreicht und schleunigst vergären kann. Dies muss sie auch tun, denn obergärige Würzen vergären recht schnell, manchmal schon in 1-2 Tagen. Bei untergärigen Würzen gibt es diesbezüglich keine Zeit-Probleme.

Um auf der sicheren Seite zu sein, hebt man von der rehydrierten Trocken-Bierhefe 1 Esslöffel, oder von einer Flüssighefe 1 Teelöffel auf und gibt diese zusätzlich zur Schnellvergärungswürze. Dadurch wird eine Schnellvergärung innerhalb von 6-12 Std. erreicht.

Man wartet bis keine Gärblasen mehr aufsteigen und füllt dann, nach Möglichkeit ohne Bodenablagerungen mitzuführen, in einen geeigneten Messzylinder ab und stellt selbigen mit dem Inhalt in den Raum der Hauptwürze. Nach einiger Zeit hat eine Temperaturangleichung stattgefunden. Nun setzt man die Spindel in den Messzylinder ein und liest den Endvergärungspunkt (%) ab. Dieser zeigt an, wann die Gärung gänzlich beendet ist. Würde man jetzt abfüllen, könnte keine Nachgärung stattfinden, da kein vergärbarer Zucker/Extrakt mehr vorhanden ist, sondern nur noch unvergärbarer Restextrakt. Deshalb rechnet man dem gespindelten Restextrakt/Endvergärungspunkt ca. 0,5 % hinzu. Hierzu ist eine spezielle, mit Zehntel-Einteilung versehene, und nur bis etwa 7 % skalierte Spindel natürlich optimal, aber nicht unbedingt notwendig. Deshalb ist es ratsam, unter anfänglichen, meist einfachen Hausbrauer-Bedingungen, sicherheitshalber 1 % hinzu zu rechnen. Wird dann bei diesem Punkt abgefüllt, ist eine optimale Nachgärung und Kohlensäurebildung gewährleistet, ohne dass eine Bezuckerung der Flaschen und Fässer notwendig ist.

Der Haus- und Hobbybrauer möge selbst entscheiden, welche Methode er wählt. Aber im Sinne handwerklichen Arbeitens sollte er doch ab und zu auf die Schnellvergärungsprobe zurückgreifen, die ihn schließlich auch noch etwas exakter über den Alkoholgehalt scines Sudes und zukünftigen Bieres informiert.

Beispiele:

Abfüllzeitpunkt:	Festgestellter Endvergärungspunkt	= 3,2 %
	+ Zugabe (0,5)	= 0,5 %
	Abfüllzeitpunkt	= 3,7 %
Ungefährer Alkoholgehalt:	Stammwürze	= 12,6 %
	./. Endvergärungspunkt	= 3,2 %
		= 9,4 % : 2
	Alkoholgehalt (ca.)	= 4,7 %
		(Volumen-%)

Jodprobe

Zur Überwachung der optimalen Verzuckerung der Stärke beim Maischen dient die Jodprobe. Hierzu verwendet man eine Jodlösung (N 50), welche vom Fachhandel angeboten wird.

Mit der Jodprobe wird während der Verzuckerungsrast (Alpha-Amylase) beim Maischen geprüft ob noch unverzuckerte Kornstärke vorhanden ist, welche von der Hefe nicht vergärt wurde und zu Stärketrübungen im fertigen Bier führen würde.

Ein völliger Abbau (Umwandlung) der Kornstärke im Zucker durch die wiedererweckten Enzyme während der Alpha (α)- und Beta (β)-Amylase des Maischevorgangs ist grundsätzlich anzustreben, um später einen optimalen Vergärungsgrad zu erreichen und um „pappig-süße" Biere zu vermeiden. Mit der dünnen, orangefarbenen Jodlösung kann der Verzuckerungsnachweis geführt werden, da Jod durch Blau- oder Violettfärbung anzeigt, ob noch unverzuckerte Stärke in der Maische vorhanden ist. In diesem Fall muss die Rastdauer der α-Amylase solange verlängert werden, bis die Stärke vollends verzuckert. Dies ist dann der Fall, wenn eine weitere Probe „jodnormal" ausfällt, also keine Verfärbungen mehr auftreten.

Zur Durchführung der Jodprobe entnimmt man der heißen Maische einige Tropfen Flüssigkeit mit einem Teelöffel, gibt diese auf einen kleinen, weißen Teller und kühlt sie durch Bewegung ab. Danach träufelt man ungefähr die gleiche Menge an Jodlösung neben die abgekühlte Würze und lässt beide Flüssigkeiten zusammen fließen, wodurch nach einigen Sekunden entweder eine Färbung oder Jodnormalität eintritt. Die Jodprobe soll nicht nur beim Maischen sondern auch beim Abläutern der Vorderwürze und der Nachgüsse vorgenommen werden. Auch die fertige Würze vor Kochbeginn (= Ausschlagewürze) soll auf Jodnormalität geprüft werden, damit eine gute Ausbeute und ein optimaler Gärverlauf erreicht wird.

Wichtig
Die Verdünung der Jodlösung muss unbedingt stimmen, da sonst die Jodproben fehlerhaft sind und somit das Maischergebnis verfälschen und das spätere Bier dadurch negativ beeinflussen. Es genügt also nicht irgendeine Jodlösung zu verwenden. Auch die in Apotheken erhältlichen Jod-Tinkturen und -Lösungen entsprechen nicht den Anforderungen.

Merke
Nicht ausreichend verzuckerte Würzen ergeben meist Kleistertrübungen und eventuelle Geschmacksverfälschungen im späteren Bier.

Hauptguss – Nachguss (Gussführung)

Der Brauvorgang, insbesondere das Maischen, benötigt eine gewisse Brauwassermenge. Diese setzt sich aus Haupt- und Nachguss zusammen.

Hauptguss

Für den Hauptguss, mit dem gemaischt und in den die Schüttung eingerührt wird, rechnet man ca. 4,0 Liter Wasser pro Kilogramm Schüttung, sofern es sich um helles Bier handelt. Bei dunklem Bier genügen ca. 3,0 Liter. Nach dem Abmaischen (Beenden des Maischvorgangs) wird die Maische, also der ehemalige Hauptguss abgeläutert. Das heißt, die zu diesem Zeitpunkt entstandene und stark mit Zucker konzentrierte Flüssigkeit, auch Vorderwürze genannt, wird mittels einer Art Filtration vom teilausgelaugten Malz (Treber) getrennt.

Nachguss

Darauf folgt der max. 76 °C heiße Nachguss, der bei der modifizierten Methode auf einmal und bei der klassischen Methode auf 3- bis 4-mal über die Treber gegeben wird, um mit diesem sogenannten „Anschwänzen“ bestmöglichst den restlichen Extrakt (Zucker) auszuspülen. Die ausgespülten Restzuckermengen nehmen von Nachguss zu Nachguss ab. Den letzten Nachguss bezeichnet man deshalb auch als „Glattwasser“, da kaum noch Zuckerextrakt darin vorhanden ist.

Als Nachgussmenge nimmt man für helle Biere 3,0 Liter und für dunkle Biere ca. 4,0 Liter Wasser pro Kilogramm Schüttung.

Der durch Haupt- und Nachguss ausgespülte Extrakt aus vergärbaren und nichtvergärbaren Zuckern, ergibt den späteren Stammwürzegehalt. Die Gesamtmenge des Haupt- und Nachgusses **(Pfannenvollwürze)** ist um einiges größer als die des späteren Bieres, wodurch der gemessene Stammwürzegehalt zu diesem Zeitpunkt logischerweise um einiges niedriger ist. Beim Würze-/Hopfenkochen wird die Übermenge auf die gewünschte und vorgesehene Biermenge eingedampft. Dadurch stellt sich auch die gewünschte Stammwürze annähernd ein, die gegebenfalls mit Wasser-, oder Malzextrakt reguliert werden kann.

Merke

Die Unterschiedlichkeit der ***Gussführung*** *bei Haupt- und Nachgüssen für helle und dunkle Biere erklärt sich wie folgt:*

Helle Biere (größerer Hauptguss / kleinerer Nachguss)

1. ***Dünnere Maische*** *= bessere Enzymwirkung, schnellere Verzuckerung, geringere Zufärbung und größere Vorderwürzmenge (Edelextrakt)*
2. ***Niederprozentigere Vorderwürzen*** *= schnelleres Abläutern und hellere Würzen*
3. ***Kleinerer Nachguss*** *= geringere Nachgussausbeute und somit geringere Auslaugung zufärbender und unedler Spelzensubstanzen.*

Dunkle Biere (kleinerer Hauptguss / höherer Nachguss)

Enspricht den gegenteiligen Ergebnissen wie vorab, unter „Helle Biere", beschrieben. Dies ist aber keinesfalls ein Negativum, sondern für dunkle Biere extra so gewollt.

☞ Gewünschte Extraktkonzentrationen der Vorderwürzemengen (Edelextrakt):

Helle Biere: 16-17 %
dunkle Biere: 18-20 %
Weizenbiere: 20-22 %

(Bei Weizenbieren kommt es auch aus geschmacklichen Gründen sehr auf hochprozentige Vorderwürzen an.)

Theorie des Abläuterns und Filterns

Abläutern („Brau-Partner-System“).

Maischesack **(1)** (hier als Läuterboden/ Läuterfilter verwendet).

Lochseiher **(2)** (hält den Maischesack auf Distanz zum Bodenauslauf des Durchlaufbehälters).

Durchlauf-Filtereimer „Filter-Fix“ **(3)** mit verschließbarem Auslaufstutzen (passt exakt auf die Öffnung des „Brau- und Gäreimerdeckels“).

Durch den Auslaufstutzen **(4)** fließt die geläuterte Würze in den Läuterbottich **(6)** (Brau- und Gäreimer mit Ablaufhahn **(7)**).

Deckel mit verschließbarer Füllöffnung **(5)**.

Der Brau- und Gäreimer **(6)** (hier als Läuterbottich verwendet). Er kann auch zur Hauptgärung, zur Aufnahme der Läuter- und Anstellwürze sowie zum Abfüllen des Jungbieres eingesetzt werden.

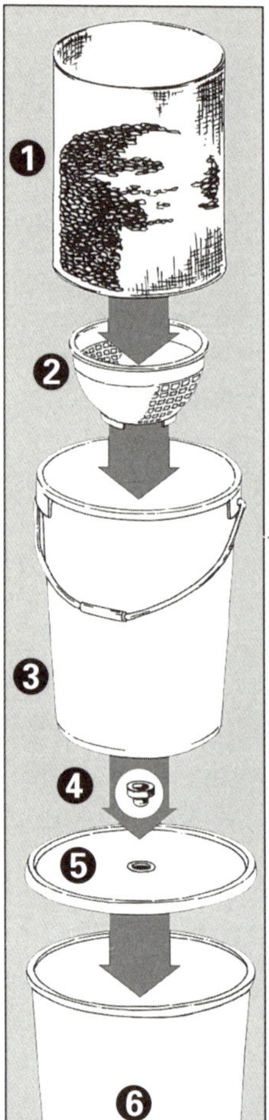

Vorderwürze, Treber und Anschwänzen

Die noch heiße Maische wird nach dem Abmaischen und 30-minütiger Ruhepause von den festen Malzrückständen (Treber) getrennt. Sie wird geläutert (geklärt) sagen die Fachleute und meinen damit eine Art Filtration, die auf der einen Seite Treber und auf der anderen Seite klare, flüssige Würze im Läuterbottich hinterlässt.

Die vorrangig abgeläuterte Würze, welche mit dem Hauptguss gemaischt wurde, ist die sogenannte **Vorderwürze**. Beim Spindeln erbringt sie den höchsten Extraktanteil. Durch sie werden jedoch nicht die gesamten Zucker gelöst, sondern wie gesagt, nur der größte Teil.

Um die restlichen Zucker bestmöglichst auszulösen und ebenfalls in den Läuterbottich zu überführen, bedarf es des Nachgusses, welchen der Hausbrauer gemäß Rezept oder dem Kapitel „Hauptguss/Nachguss“ in der benötigten Menge bereits bereitgestellt hat. Das Nachgussgeben über die Treber heißt **„Anschwänzen“**. Das **„Abläutern“** mittels eines eventuell schon beim Maischen verwendeten Maischesacks, ersetzt zudem den sonst notwendigen Maischefilter/Läuterboden. Auch geht das Abläutern damit viel rascher und unkomplizierter vor sich, wie noch beschrieben wird.

Abläuter- und Filterequipment

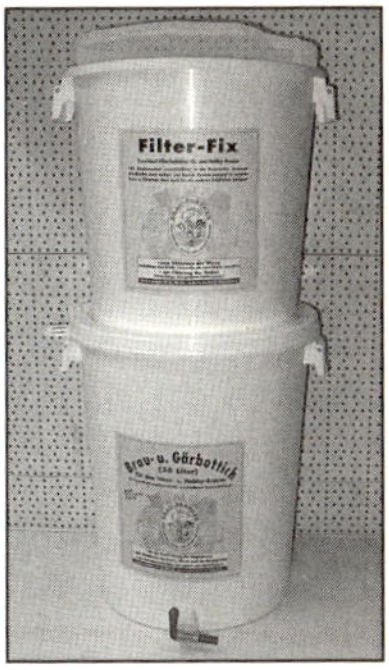

System: Durchlauf-Filtereimer und Brau- und Gäreimer

Der Abläutervorgang setzt einen Läuterbottich mit 27-30 Liter Fassungsvermögen, für 20 l Bier, voraus. Dazu eignet sich am besten ein lebensmittelechter Kunststoffeimer mit Deckel, dem man ca. 1,5 cm über dem Boden einen Ablaufhahn, erhältlich über den Fachhandel, einsetzt. Dieser Braueimer dient dann nicht nur als Läuterbottich, sondern kann während des ganzen Brauvorgangs immer wieder eingesetzt werden. So zum Beispiel als Auffangbehälter für die Würze bei der Trubfilterung nach dem Kochen und vor allen Dingen als Gärbottich, wobei der Auslaufhahn immer beste Dienste leistet. Weiterhin wird ein lebensmittelechter Kunststoffeimer benötigt, der jetzt als Durchlauf-Filtereimer **(Läuterboden)** zum Abläutern und später ebenfalls zur Trub- und Eiweißfilterung eingesetzt werden kann. In diesen Behälter (Eimer) mit Deckel wird mittig oder seitlich des Bodens ein Loch gebohrt oder gestanzt, welches der durchlaufenden Würze als Auslauf dient. Darüber wird im Eimerinneren ein Kunststoff-Küchenseiher als Bodenabstandhalter gestellt, der beim Abläutern den mit Treber gefüllten und deshalb schweren Maischesack (Filter) daran hindert, den Auslauf „dicht" zu machen.

Durch die rundum gut geöffnete Wandung des Seihers ist ein zügiges Ablaufen der geläuterten Würze gewährleistet. Wenn nun noch der Auslauf des Eimers mit einem konischen, innen offenen Gummistopfen, der einer 5-Liter Bierdose entnommen wurde, versehen wird, können Durchlaufbehälter **(Läuterboden)** und Läuterbottich **(Braueimer)** zum System werden. Nämlich dann, wenn der

Hinweis
Für den gesamten Brauvorgang genügen zwei lebensmittelechte (Kunststoff-)Behälter:

1. **Brau- und Gäreimer**
   (ca. 30 Liter Vol.), mit Deckel
   – als Läuterbottich (fängt die Läuterwürze auf)
   – zum Auffangen der Trubwürze nach dem Kochen
   – als Gärbottich (zum Vergären der Würze)
2. **Durchlauf-Filter-Eimer** (ca. 25-30 Liter Vol.), mit Bodenabstandhalter
   – als Läuterboden (trennt Würze und Treber nach Maischvorgang)
   – als Trubfilter (für Hopfen, Heiß- und Kalttrub nach Kochen)

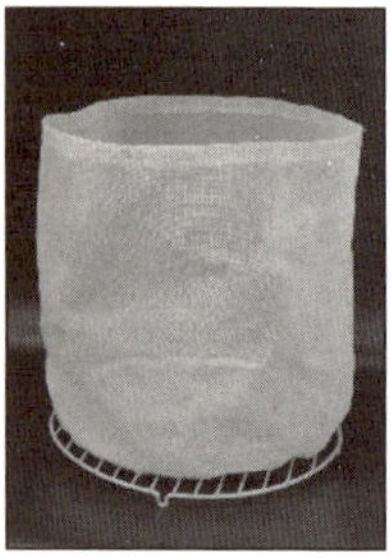

Maischesack/Läuterfilter aus lebensmittelechtem Spezialkunststoff gibt es in Standardgröße und in Sondergrößen.

Deckel des Läuterbottichs ebenfalls mit einem passenden Loch versehen ist, in welches der Gummistopfen des Durchlauf-Filtereimers passt. So kann dieser auf den Braueimer gestellt werden und beide bilden eine Einheit, wodurch weitestgehend auch ein unerwünschter Luftsauerstoff-Würze-Kontakt vermieden wird.

Kosten für Abläutertechnik

Das vorstehende, mit etwas Kosten verbundene Equipment wurde bewusst vorgeschlagen, weil das Abläutern mittels über Stuhlbeine gespannte Stoffwindeln doch etwas veraltet erscheint und zudem auch umständlicher ist. Der interessierte Hausbrauer sollte sich deshalb die vorab beschriebenen Utensilien besorgen, bzw. selbst anfertigen. Eine komplette, wie zuvor beschriebene Ausstattung, inkl. Bierspindel, Spindelbehälter, Reinigungs- und Desinfektionsmittel, Abfüllschlauch und -rohr, Trubfiltergewebe und natürlich Maischesack ist im Hausbrauer-Fachhandel bereits für ca. 60,– bis 70,– € zu haben. Eine durchaus akzeptable Ausgabe für ein interessantes Hobby, wenn man bedenkt, was ein Paar neue Ski oder ein halbwegs brauchbarer Tennisschläger kostet.

Stammwürzeregulierung durch Wasserzugabe (mit der Bierspindel überwachen).

Stammwürzeregulierung

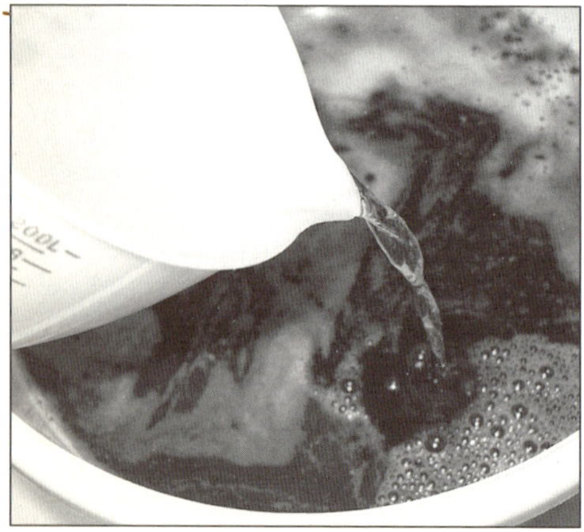

Eine Regulierung der Stammwürze kann man dann vornehmen, wenn beispielsweise zuviel Flüssigkeit beim Würze-/Hopfenkochen verdampft ist, so dass die vorgesehene Biermenge unterschritten wird und deshalb die Stammwürze höher als beabsichtigt ist. Auch eine falsche, von vornherein zu hohe oder zu niedrig bemessene Schüttung, kann nach dem Würzekochen einen nicht gewünschten Stammwürzegehalt ergeben. Solches zu regulieren ist recht einfach und geschieht bei zu hoher Stammwürze durch Zugabe von Brauwasser bis der gewünschte Wert erreicht ist. Im umgekehrten Fall wird einfach Malzextrakt in flüssiger oder pulverisierter Form zugegeben. Auch eine Fortsetzung des Kochvorgangs (Eindampfen der Übermenge) wäre denkbar. Solches zieht aber immer einen Einfärbung der Würze nach sich, was bei dunklen Bieren nicht ins Gewicht fällt.

Stammwürzeregulierung durch Malzextraktzugabe (mit der Bierspindel überwachen). Malzextrakt zuvor mit Würze verdünnen.

Schlauchen

Nach Beendigung der Hauptgärung erfolgt das „Schlauchen". Dies ist das Abfüllen des Jungbieres mittels eines Schlauches oder Abfüllrohres vom Gärbehälter/Gärbottich in Fässer oder Flaschen, zwecks Nachgärung und Lagerung.

Es ist darauf zu achten, dass sich die Hefe bereits am Boden abgesetzt hat und so wenig als möglich Bodentrub mitgezogen wird. Das Abfüllen des Jungbieres zu diesem optimalen Zeitpunkt (siehe „Schnellvergärungsprobe und Abfüllzeitpunkt"), heißt auch **„lauter (rein) schlauchen"**, während ein früheres, hefetrübes Abfüllen im Fachjargon mit **„grün schlauchen"** bezeichnet wird.

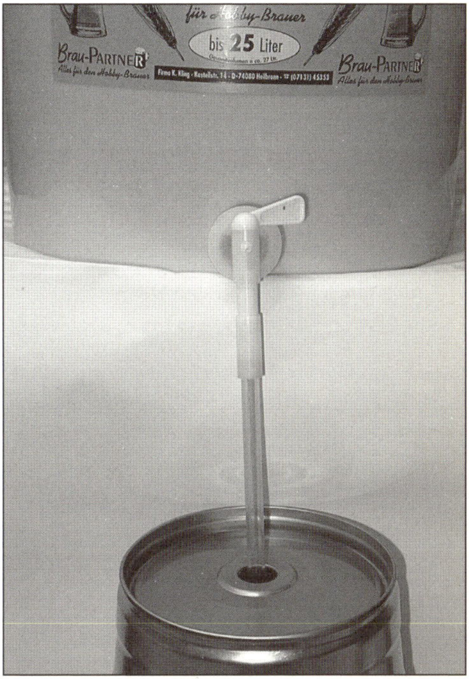

Jungbier wird mittels eines speziellen Abfüllrohres „gefasst" (in ein Fässchen geschlaucht / eingefüllt).

Sauberkeit

Merke
Während der heißen Phasen des Maischens und Würzekochens ist die Gefahr einer bakteriellen Verunreinigung nicht so groß, wie ab dem sich anschließenden Gärprozess. Der Hausbrauer sollte sich dennoch und grundsätzlich an absolute Sauberkeit von Anfang an gewöhnen, um ein Risiko für seine Bemühungen so weit wie möglich auszuschließen.

Oberstes Gebot für den Profi und für den Hausbrauer ist bei allen Braugängen, hauptsächlich aber ab dem Gärprozess, peinlichste Sauberkeit walten zu lassen. Dies gilt für Brautöpfe, Fässer und Flaschen, wie auch für Messbecher, Rührlöffel, Spindeln und sonstige Brauutensilien, da Schmutz- und Luftbakterien bei sträflicher Vernachlässigung dieser Forderung den doch recht langwierigen Brauvorgang zunichte machen können.

Reinigung der Brauutensilien

Der Hausbrau-Fachhandel hält zur Reinigung und Desinfektion von Brautöpfen und -utensilien allerlei preisgünstige Produkte bereit. So auch Flaschenbürsten, welche aber sicherlich noch in den meisten Haushalten vorzufinden sind. Zum Reinigen von Auslaufhähnen benötigt man kleinere Tüllenbürsten, die für nur wenig Geld beschafft werden können. Auch kombinierte Reinigungs- und Desinfektionsmittel in Pulverform, die in Wasser gelöst, optimale Ergebnisse erzielen, sind preisgünstig zu erwerben und deswegen anzuraten. Soda, ein altbewährtes, toxikologisch unbedenkliches und einst in jedem Haushalt anzutreffendes, unproblematisches Reinigungsmittel, ist ebenfalls gut verwendbar.

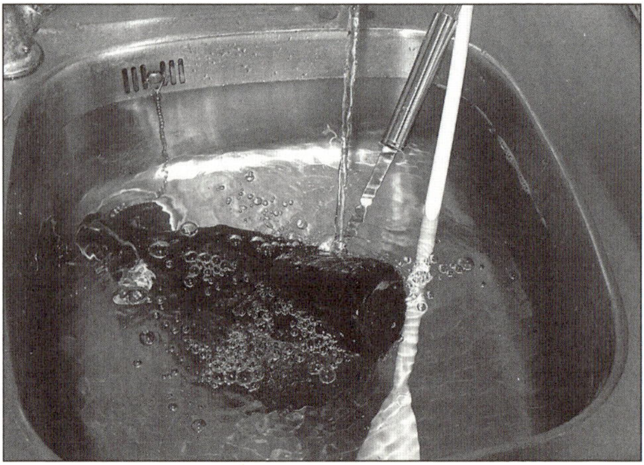

Flaschen und Brauutensilien gründlich mit heißem und kaltem Wasser reinigen.

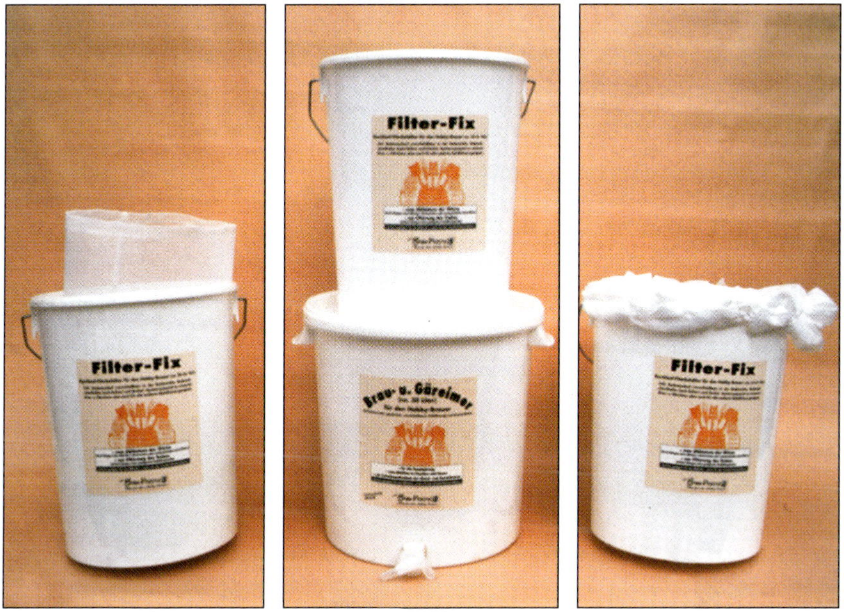

▲ Abläuter- und Filterzubehör aus lebensmittelechtem Kunststoff
Mit dem Durchlauf-Filtereimer und dem Brau- und Gäreimer (Gärbottich) im System erledigt man alle notwendigen Läuter- und Filtratationsarbeiten, sowie den Gärprozess und die Um- und Abfüllvorgänge. Das System besteht aus 2 Behältern (siehe Bildmitte). Die linke Seite zeigt den Filtereimer nochmals separat mit Maische-Läutersack, die rechte Seite mit feinem Trubfiltergewebe.

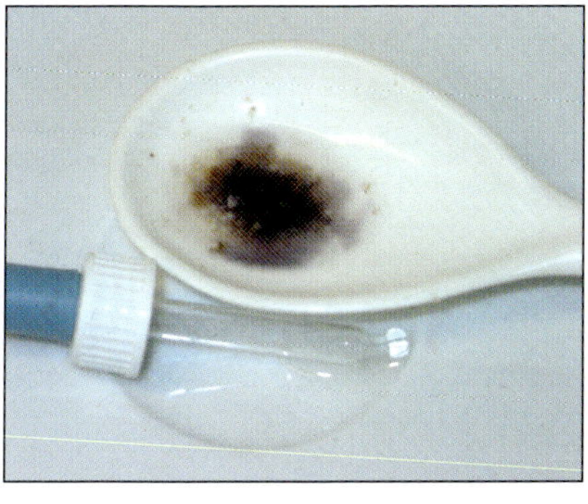

▲ Jodprobe: violett
Es ist noch unverzuckerte Stärke in der Maische.

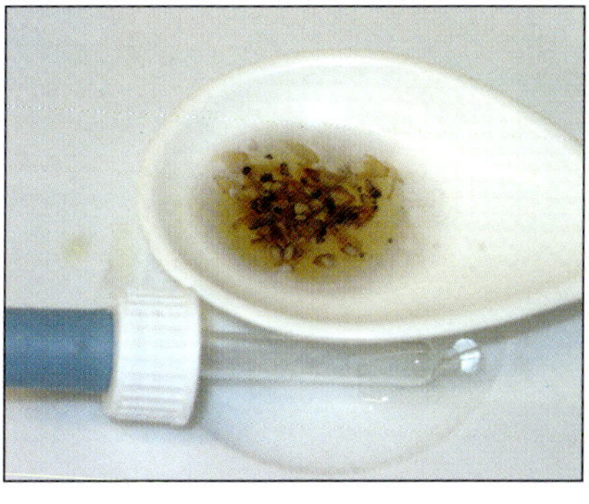

▲ Jodprobe: orange (=jodnormal)
Stärke ist verzuckert. Es kann abgemaischt werden.

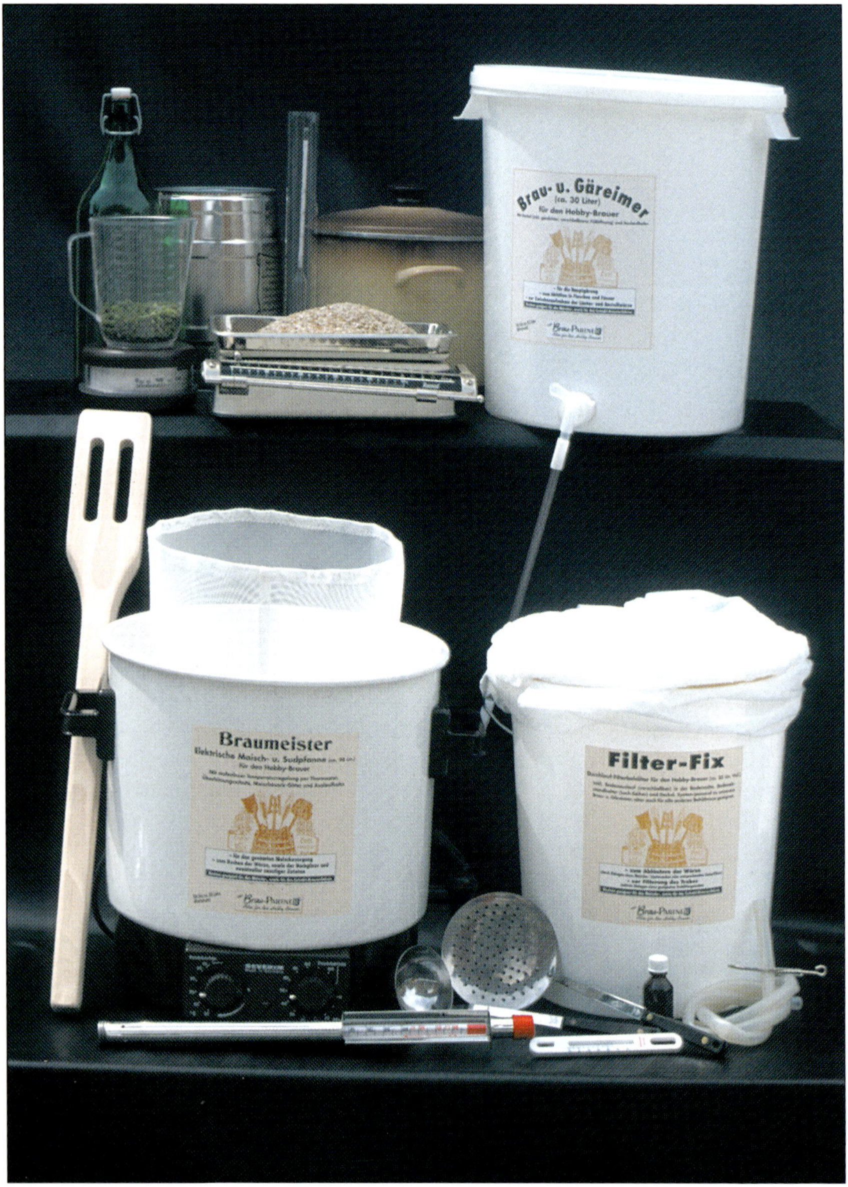

▲ Brauutensilien im Überblick

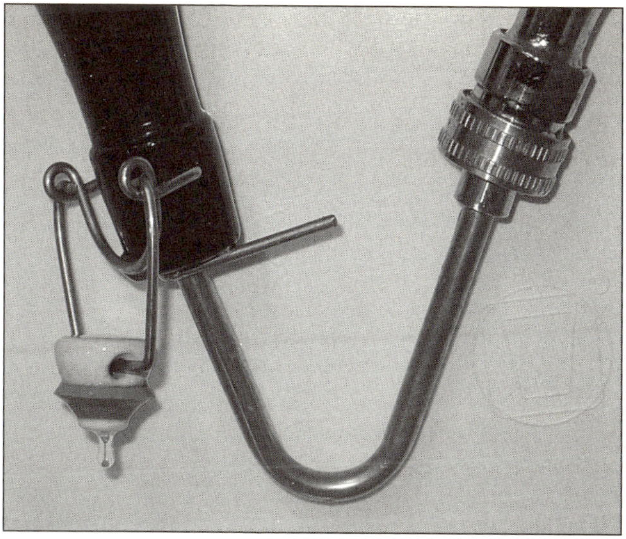

Der Spezial-Druckreiniger (Jet-Clean) reinigt Flaschen und Fässchen schnell, effizient und Wasser sparend.

Flaschenbäume (Baukastensystem) sind ideal zum Trocknen der gereinigten und ausgespülten Flaschen.

Tipp

Flaschen und Fässer sollten sofort nach dem Biergenuss/Gebrauch gereinigt werden, damit sich Bodenablagerungen (Resthefen und Sedimente) erst gar nicht verfestigen können.

Desweiteren sind spezielle, bestens funktionierende, an Wasserhähne problemlos anzubringende Druckspüler (z.B. Jet-Cleaner) zur Flaschen- und Fassreinigung erhältlich, sowie besondere Bürsten, mit denen selbst Problemzonen wie Fasskanten absolut gut zu säubern sind.

Benutzt man zur Utensilien-Reinigung eventuell bereits im Haushalt benutzte Bürsten, so sollten diese ganz besonders großzügig mit Wasser gespült werden.

Rechtlich gesehen

Noch ist es leider nötig dem Staat, genauer gesagt dem zuständigen Hauptzollamt, seine Brauvorhaben anzuzeigen. Dies geschieht in schriftlicher Form und zwar bei geringfügigem und unregelmäßigem Hausbrauen (20 Liter pro Monat und max. 200 Liter pro Jahr) im voraus, wobei dafür dann keine Biersteuer zu entrichten ist. Diese fällt allerdings an, wenn die 200 Freiliter pro Jahr überschritten werden. Dann muss eine Biersteuererklärung erfolgen und zwar nach Höhe des tatsächlichen Stammwürzegehaltes. Nach diesem prozentualen Wert, nach „Grad Plato" nämlich, richtet sich die Abgabenhöhe.

Der Hausbrauer mag es gelassen sehen und beruhigt weiterbrauen. Sollte er tatsächlich einmal auf mehr als 200 Liter im Jahr kommen, so ist die zu entrichtende Biersteuer nur gering, wie folgendes Beispiel zeigt.

Auszug aus dem Biersteuergesetz von 1993

§ 2 – Steuertarif

(1) Das Bier wird nach Grad Plato (Prozenten) in Steuerklassen eingeteilt. (Siehe hierzu auch Kapitel „Biergattungen"). Die Biersteuer beträgt für einen Hektoliter (100 l) Bier 1,54 Deutsche Mark, jetzt 0,79 €, je Grad Plato.
Grad Plato ist der Stammwürzegehalt des Bieres in Gramm je 100 Gramm Bier, wie er sich nach der großen Ballingschen Formel aus dem im Bier vorhandenen Alkohol- und

Extraktgehalt errechnet. Bruchteile eines Grades (Nachkommastellen) bleiben außer Betracht.

Beispiel: 12,9 = 12 %

Soweit zum Gesetzestext. Den folgenden Absätzen dieses Gesetzes ist noch zu entnehmen, dass sich bei einer Jahreserzeugung von bis zu 5000 Hektoliter (hl) Bier die zuvor angegebene Biersteuer je hl halbiert (0,79 : 2 = 0,40 €). Da ein Hausbrauer kaum mehr als 500 000 Liter Bier pro Jahr brauen wird, ist der ermäßigte Steuersatz für ihn relevant.

Beispiel:
Ein Hausbrauer siedet in einem Jahr 500 Liter Bier für den Eigenverbrauch. Davon sind 200 Liter steuerfrei, welche er auch per Brauanzeige im voraus angemeldet hat (siehe hierzu Kapitel „Brauanzeige"). Die Restmenge, also 300 Liter, meldet er per Biersteuererklärung (siehe hierzu „Biersteuererklärung") beim Zollamt an. Bei den Mehrlitern handelt es sich z.B. um Vollbier mit 12,6 % Stammwürze = 12 Grad Plato.

12 Grad Plato x 0,40 € (ermäßigter Steuersatz)
= 4,80 € per 100 Liter (1 hl)

4,80 x 3 hl = 14,40 €

Er müsste in diesem Fall 14,40 € Biersteuer an das zuständige Hauptzollamt entrichten.

Man kann trotzdem damit leben, wenn man bedenkt, dass es vor einigen Jahren überhaupt noch nicht möglich war Produkte mit brautechnischen Hinweisen zu erwerben. Der Autor bestätigt hier aber auch gerne, dass seine Kontakte zu einem ihm naheliegenden Hauptzollamt rundum positiv waren, was auf ein liberales und großzügiges „Handling" in Sachen Hausbrauen hinweist. Ähnliches war auch von Personen zu erfahren, die andere Zollämter kontaktierten.

Hinweis
Die meisten unserer ausländischen Hausbrauer-Kollegen haben dieses Problem nicht. Sie dürfen in ihren vier Wänden für ihren Eigenbedarf soviel brauen wie sie möchten, ohne dass Vater Staat die Hand aufhält und den Zeigefinger hebt. So beispielsweise in Österreich und der Schweiz. Sicherlich werden diese Zustände auch eines Tages bei uns Einzug halten.

Brauanzeige

Die Brauanzeige hat vor Braubeginn zu erfolgen. Um die ganze Sache zu vereinfachen, kann der Hausbrauer versuchen, seine Brauvorhaben für ein ganzes Jahr mit einer einzelnen schriftlichen Erklärung kund zu tun, was im Allgemeinen so auch akzeptiert wird.

Diese könnte beispielsweise wie folgt lauten:

Datum: ....

Absender: ....

Empfänger: Hauptzollamt ....
....
....

Betreff: Brauanzeige für steuerfreies Bier

Text: Sehr geehrte Damen und Herren,
hiermit zeige ich an, dass ich innerhalb der nächsten 12 Monate als Hobbybrauer in unregelmäßigen Abständen Bier für den Eigenverbrauch brauen werde. Es handelt sich um Vollbier, wobei eine Gesamtmenge von 200 l nicht überschritten wird. Die Braugänge finden in den von mir bewohnten Räumen statt.

Mit freundlichen Grüßen

Unterschrift: ....

Biersteuererklärung

Den vorstehenden Kapiteln war zu entnehmen, wann eine Biersteuererklärung fällig wird. Nämlich dann, wenn die Biermenge 200 Liter pro Jahr übersteigt, wobei diese 200 Liter wiederum für den Eigenverbrauch bestimmt sein müssen. Würde diese Menge z.B. von einem Verein für eine Festivität gebraut und verkauft, so müsste auch dafür Biersteuer entrichtet werden. Falls der Hausbrauer eine Biersteuererklärung abzugeben hätte, sollte er sich mit dem für ihn zuständigen Hauptzollamt in Verbindung setzen und einen entsprechenden Vordruck anfordern, den er dann nur noch auszufüllen braucht.

Es bleibt dennoch die Hoffnung, dass der Gesetzgeber noch mehr Einsicht, besser gesagt, Weitsicht zeigt und die Biersteuer für Hausbrauer gänzlich aufhebt, bzw. die steuerfreien Liter „Heimbräu" entsprechend erhöht.

Dadurch entfielen nämlich lästiger Schriftverkehr und unnötiger Zeitaufwand für beide Seiten, so wie die Kosten des Verwaltungsaufwandes der Zollämter für die Bearbeitung der Biersteuererklärungen von Hausbrauern.

Ein weiteres Argument für eine weitgehende Steuerbefreiung und Aufhebungspflicht der Brauanzeigen ist die Tatsache, dass privaten Herstellern von alkoholischen Frucht- und Beerenweinen nichts dergleichen abverlangt wird. Fairnesshalber sollte deshalb solches auch für Hausbrauer gelten.

Brauprotokoll

Manche halten ein Brauprotokoll für absolut unerlässlich. Andere dagegen sehen es eher als lästige Pflichtübung an. Wie dem auch sei, es hat durchaus seine Berechtigung. Zumindest immer dann, wenn man ein eigenes Bier kreiert, oder ein Rezept versuchsmäßig abändert. Nur dann kann man schließlich ein positives Ergebnis wieder nachvollziehen. Jedoch auch als Fehlerquellen-Hinweis im Nachhinein leistet ein Brauprotokoll seine Dienste.

Nachfolgend ein Entwurf für einen entsprechenden Vordruck, der sowohl für das Maisch-, wie auch für das Extraktverfahren zu verwenden ist.

Auf den ersten Blick scheint selbiger durch seine Ausführlichkeit etwas kompliziert zu sein. Wie gesagt, nur auf den ersten Blick, denn spätestens beim anfänglichen Brauen leistet er unverzichtbare Dienste, nicht zuletzt durch die chronologische Wiedergabe aller Vorgänge und Abläufe.

Hinweis
Wenn nach dem Dekoktionsverfahren gebraut wird, muss der Protokoll-Teil „Brauvorgang" entsprechend abgeändert werde.

①

Brauprotokoll-Nr: ....

(für Infusionsverfahren) **Datum: ....**

Brauer: ....

Biersorte: .... ❒ untergärig ❒ obergärig

Soll-Biermenge: .... Liter / Soll-Stammwürze: .... %

Brauverfahren: ❒ Infusion ❒ Dekoktion ❒ Extraktmethode

detailierte Angaben ....

Schüttung (Malz, Extrakte, Zusatzstoffe und Mengenangabe)

....

....

....

Gussführung: .... Liter Hauptguss .... Liter Nachguss

Wasserqualität: (Härte, pH-Wert) ....

....

Hopfengabe: Gesamtbittere = ... Alpha-Säure

Zugabe in Form von ❒ Pellets .... ❒ Dolden ❒ ....

Menge und Hopfensorte(n) der Zugabe(n) und wann: ....

....

....

Hefegabe:

❒ Trockenhefe ❒ rehydriert ❒ Direktzugabe Menge ....

❒ Flüssighefe (Stamm) .... Menge ....

Bemerkungen: ....

....

➪ Brauutensilien reinigen und bereitstellen! ➪

②

Brauvorgang/Maischprozess

Hauptguss aufheizen auf ....°C

Einmaischen bei ....°C

1. Rast (Eiweißrast) - β-Amylase- bei ......°C / Dauer: .... Minuten

2. Rast (Maltoserast) - α-Amylase- a) bei ......°C / Dauer: .... Minuten

b) bei ......°C / Dauer: .... Minuten

➩ **eventuell Malzauszug nehmen (bei ca. 60 °C)**

3. Rast (Verzuckerung) a) bei ......°C / Dauer: .... Minuten

b) bei ......°C / Dauer: .... Minuten

Jodprobe I ❒ jodnormal ❒ Verfärbung

➩ wenn Verfärbung Jodprobe nach 15 Minuten wiederholen

Jodprobe II ❒ jodnormal ❒ Verfärbung

Abmaischen (auf max. 76 °C aufheizen und Maischvorgang beenden) **und Jodprobe**

➩ **Malzauszug der Maische zugeben wenn keine Jodnormalität**
➩ **30 minütige Läuterruhe einhalten**

Abläutern

1. Maische abläutern und Voderwürze spindeln = ...%

2. Nachgüsse geben und eventuell spindeln = 1.) ....%, 2.) ....%, 3.) ....%, 4.) ....%

3. Pfannenvoll-Würze spindeln = ...% (vor Hopfenkochen) – **muss jodnormal sein** –

Würze-/Hopfenkochen

vorgesehene Dauer: .... Minuten / tatsächliche Dauer = ... Minuten

(Hopfen und Zusatzstoffe gemäß Rezeptur oder Vorgabe zugeben)

Stammwürze feststellen (spindeln) = ...% (reguliert auf ....% Ist-Stammwürze)

Würzekühlung

❒ per Sedimentation (absitzen und ruhen lassen) über Nacht auf Anstelltemperatur ......°C

❒ per Kühlung auf Anstelltemperatur .... °C

③

Hauptgärung

- Würze mit Hefe anstellen

➩ **Schnellvergärungsprobe machen** Ergebnis = ... % Endvergärungspunkt
(Eintrag nach Feststellung)

- Hefe in der Würze angekommen nach .... Stunden

- Hauptgärung beendet nach .... Tagen .... Stunden

Abfüllung

bei ...... % Restwürze (= Ergebnis der Schnellvergärungsprobe + Zuschlag 0,5 bis 1,0 %)

in ...... Liter-Flaschen / ...... Liter-Fässer / ....

Gesamtmenge des abgefüllten Jungbieres = ... Liter

Nachgärung

Wo (Ort) .... bei ...... °C .... Tage

Lagerung/Reifung

1. Wo (Ort) .... bei ...... °C .... Tage/Monate

2. Wo (Ort) .... bei ...... °C .... Tage/Monate

Bemerkungen zum Bier

....

....

....

....

Bemerkungen allgemein

....

....

....

Der Hausbrauer kann den Vordruck im Kopierer auf DIN A4 vergrößern und nach Belieben immer wieder vervielfältigen. Auch sei es ihm überlassen Abänderungen nach Bedarf vorzunehmen.

Braumethoden und Gerätschaften

Die Bierherstellung kann in zwei verschiedene Herstellungsverfahren unterteilt werden. In das ursprüngliche und nach wie vor verbreitetste Verfahren, nämlich in das sogenannte Maischverfahren, welches wiederum aus Infusion – und Dekoktionsmethode besteht, sowie in das einfachere und zeitsparende Extraktverfahren. Die grundsätzliche Unterscheidung beider Verfahren besteht darin, dass beim Extraktverfahren der Maischvorgang, bei dem durch stufenweises Aufkochen die Malzstärke in vergärbaren Zucker umgewandelt und Eiweiß abgebaut wird, entfällt, da es sich hierbei bereits um das fertige, eingedickte Endprodukt eines solchen Maischvorganges handelt.

Maischverfahren (Infusion und Dekoktion)

Im Lauf dieses Verfahrens wird Braumalz mit Wasser vermischt, stufenweise erwärmt und gekocht, bzw. gewisse Zeitspannen auf bestimmten Temperaturen gehalten. Während diesen sogenannten Rastzeiten finden diverse Umwandlungsprozesse statt, die die Bierherstellung erst möglich machen.

Infusion *(lat. „infusio" = eingießen ⇨ Ursprünglich wurde beim Infusionsbrauen die Temperatur durch „eingießen" von heißem Wasser in den Maischbottich stufenweise erhöht, weil es noch keine direkt beheizbaren Maischpfannen gab.)*
Bei dem hierzulande, hauptsächlich von Gasthausbrauern praktiziertem Maischverfahren, auch **aufsteigende Infusion** genannt, handelt es sich um die älteste heutzutage noch aktuelle Technik des Maischens, welche durch stufenweise Temperaturanhebung erfolgt, ohne dass ein Teil der Maische gekocht wird. Diese Technik sei dem Hausbrauer ans Herz gelegt, weil sie die für ihn einfachere ist. In einigen Fachbüchern für Hausbrauer wird zwar darauf hingewiesen, dass bei diesem Verfahren, gleiche Schüttung vorausgesetzt, weniger fertiges Bier zu erwarten ist, als beim Dekoktionsverfahren, jedoch gibt keiner der Autoren

an, mit wieviel weniger Bier eigentlich zu rechnen ist. Deshalb soll es hier gesagt sein. Es handelt sich lediglich um 0,5 – 1,5% weniger Bierausstoß. Diese Zahlen gelten für Großbrauereien und sind allenfalls für diese von Bedeutung. Nicht aber für den Hausbrauer, der zwanzig, fünfzig oder auch einmal hundert Liter Bier braut. Über kontroverse Meinungen bezüglich des Geschmacks und der unterschiedlichen Qualität von Infusions- und Dekoktionsbieren soll gar nicht erst diskutiert werden, weil dies einer ganz individuellen Entscheidung bedarf, die jeder Haus- und Hobbybrauer für sich selbst zu treffen hat. Es sei nur soviel gesagt, dass, wenn es einen Unterschied gibt, dieser nicht so gravierend ist, um von Jedermann ohne weiteres wahrgenommen zu werden. Lösung und Umwandlung der Malzbestandteile werden beim Infusionsverfahren nur durch die im Malz vorhandenen Enzyme bewirkt, während bei der Dekoktion das Kochen von Teilmaischen als weiteres Hilfsmittel hinzu kommt (siehe „Weitere Brauverfahren"). Deshalb ist es zweckmäßig mit 35-40 °C einzumaischen und nun erst auf 50-55 °C (Eiweißrast) aufzuheizen, um dann die hier stattfindenden Umwandlungsprozesse dadurch zu potenzieren.

Informationshalber soll das noch teilweise in England angewandte, **absteigende Infusionsverfahren** erwähnt sein, bei dem das Brauwasser auf ca. 78 °C aufgeheizt und mit dem Malz vermischt wird. Danach überlässt man die Maische in einem gut isolierten Behälter sich selbst, wodurch beim nachfolgenden Abkühlen die einzelnen Umwandlungsprozesse erfolgen. Diese Technik verlangt nach gut gelösten Malzen, was aber nicht von einem Versuch abhalten muss.

Dekoktion *(lat. „decoctum" = Abkochung)*

Dieses Maischverfahren setzt schon einmal voraus, dass vorneweg zwei Behälter zur Verfügung stehen, da der im ersten Behälter (Maischbottich) befindlichen Haupt-, bzw. Rastmaische bis zu drei Teilmaischen (Kochmaischen) entnommen und in dem zweiten Topf (Maischpfanne) unter Einhaltung von Rastzeiten zum Kochen gebracht werden. Danach erfolgt wieder Rückführung der jeweiligen Kochmaischen zur Rastmaische in den Maischbottich, wodurch ähnlich wie beim Infusionsverfahren die einzelnen Temperaturstufen erreicht werden. Die Dekoktionsmethode untergliedert sich in das Dreimaisch-, Zweimaisch- und Einmaischverfahren.

Extraktverfahren

Im Gegensatz zum Maischverfahren muss beim Extraktverfahren kein Maisch- und Abläutervorgang erfolgen, da der Malzextrakt selbige bereits beinhaltet (siehe hierzu auch Kapitel *Hauptmalze/Malzextrakt*). Der Brauvorgang beginnt praktisch gleich mit dem Würze-/Hopfenkochen, weshalb man bei diesem Verfahren auch vom „schnellen Brauverfahren" spricht. Zusatzstoffe (lose oder in Mousselin-Säckchen gefüllt) werden beim Würzekochen ab ca. 40 °C beigegeben.

Das Extraktverfahren wird in sich nochmals in das **„Klassische Extraktverfahren" (mit Kochvorgang)**, sowie in das **„Einfache Extraktverfahren" (ohne Kochvorgang)** und in das **„Fertigset-Extraktverfahren"** unterteilt. Mit ein wenig Übung und Erfahrung kann der Hausbrauer auch mit Malzextrakten, die übrigens dem Reinheitsgebot entsprechen, recht akzeptable Biere brauen. Bei manchen Extraktrezepten wird manchmal ein Teil der Stammwürze durch Haushaltszucker ersetzt (siehe Kapitel Zucker), wobei ein daraus entstandenes Bier wohl nicht mehr hundertprozentig dem Reinheitsgebot zuzuordnen, auf jeden Fall aber als garantiert „naturrein" zu bezeichnen ist. Denn Haushaltszucker ist ähnlich dem aus Braumalz gewonnenen Zucker, wobei letzterer dem Bier doch mehr geschmacksspezifischen Charakter verleiht.

Die vorab erwähnten Braumethoden werden nach dem ausführlich und schrittweise beschriebenen Infusionsverfahren ebenfalls detailiert behandelt, so dass ein Nachvollzug möglich ist.

Maischprozess (Theorie des Maischens)

Der Maischprozess ist im Prinzip nichts anderes als ein Kochvorgang. Bei diesem werden bestimmte Temperaturen für eine gewisse Zeit eingehalten, wobei biochemische Reaktionen innerhalb des Malzes, durch die bereits beim

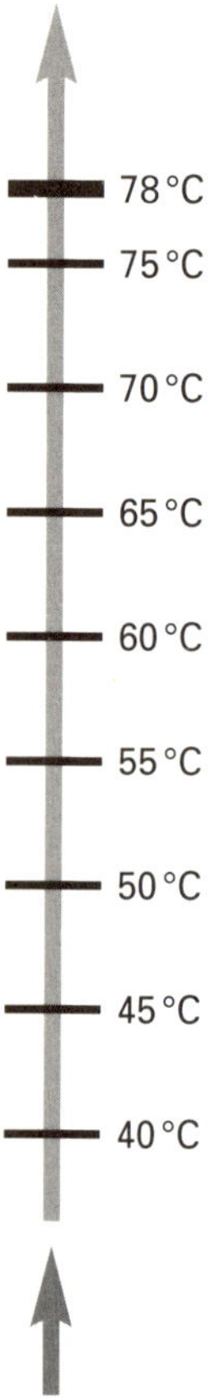

Beim Maischprozess wird die Temperatur stufenweise erhöht, wobei sich die brautechnisch wichtigen Reaktionen zwischen 40 °C und 75 °C abspielen.

Mälzen gebildeten, und auch wieder stillgelegten – aber jetzt reaktivierten Enzyme – stattfinden.

Der Kochvorgang, genauer gesagt das Maischen, geht beim Dekoktions- und Infusions-Brauverfahren von unten nach oben vor sich. Die wichtigen, durch den Maischvorgang veranlassten biochemischen Prozesse, der durch den Kochvorgang reaktivierten Enzyme (Katalysatoren) des Malzes spielen sich zwischen 40 °C und 75 °C ab. Innerhalb dieser Temperaturspanne müssen gewisse Rastzeiten eingehalten werden, bei denen die Maische so lange verweilt, bis ein gewisser Umwandlungsprozess stattgefunden hat. Der Hausbrauer muss im Sinne eines akzeptablen Ergebnisses für die Einhaltung dieser Rastzeiten, sowie für die optimale Temperaturanhebung der Maische (ungefähr 1 °C pro Minute) zwischen den Rasten sorgen.

Beide Verfahren beginnen mit dem Einmaischen, bei dem die Schüttung in den Hauptguss klumpenfrei eingerührt wird. Dies geschieht am besten zwischen 30° und 40 °C, oder auch bei höheren Temperaturen. Wenn in Rezepten hierfür keine besonderen Angaben gemacht sind, kann entweder bei dieser Temperatur, oder auch bei der Eiweißrast (50 °C) eingemaischt werden, was eine gewisse Zeitersparnis bedeutet.

Und nun zu den Rastzeiten mit den für die Bierherstellung wichtigen Reaktionen.

Eiweißrast (Protease) 40-55 °C

Das Optimum liegt zwischen 47-53 °C, wobei Eiweiß durch spezielle Enzyme weitestgehend aufgespalten und abgebaut wird. Dies wiederum bewirkt eine bessere Klärung, Vollmundigkeit, längere Haltbarkeit und angenehmeren Geschmack der Biere. Eine verbleibende Menge Resteiweiß (abgespaltene Aminosäuren) ernährt die Hefe bei der späteren Gärung und sorgt für gute Schaumbildung und dessen Stabilität.

Rastdauer ca. 30 Minuten.

β-(Beta-) Amylase 60-65 °C = Maltoserast

Das Optimum dieser Rast liegt bei ungefähr 63 °C. Hier wird die Stärke, bzw. der Mehlkörper des Malzkorns durch enzymatische Tätigkeit in vergärbaren Malzzucker umgewandelt. Es findet eine sogenannte Vorverzuckerung im

Malzkorn statt, welche auch Vorverkleisterung genannt wird. Dauer und Temperatur der Maltoserast bestimmen den späteren Endvergärungsgrad, also somit auch den Alkoholgehalt. Ausreichende, bzw. längere Maltose-Rastzeiten ergeben deshalb mehr Maltose (vergärbare Zucker) und einen höheren Vergärungsgrad, also auch mehr Alkoholgehalt. Das Verkürzen oder Überspringen der Maltoserast bewirkt das Gegenteil. Es werden weniger vergärbare Zucker, dafür mehr unvergärbare Zucker/Dextrine (wenn entsprechende Rast bei 70-75 °C = Alpha-Amylase) gebildet, was wiederum einen niedrigeren Vergärungsgrad bewirkt, für gehaltvollere Biere mit etwas weniger Alkoholgehalt. Die Maltoserast ist somit eines der wichtigsten maischtechnischen Instrumentarien des Brauers.
Rastdauer ca. 45-60 Minuten.

α-(Alpha-)Amylase, 70-75 °C = Verzuckerungsrast
Hier liegt das Optimum bei ca. 73 °C. Bei dieser Temperatur bewirken Enzyme, dass der bereits in vergärbaren Zucker vorverkleisterte Mehlkern des Malzkorns nun endgültig in die entstehende Bierwürze gelöst, sprich verflüssigt, wird. Auch werden während dieser Rast mehr im Bier verbleibende Dextrine (nichtvergärbare Zucker) gebildet. Selbige Zucker bestimmen ebenfalls Endvergärungsgrad und Alkoholgehalt, wobei wiederum Rastdauer und -temperatur mit entscheidend sind (Beeinflussungsmöglichkeiten siehe Maltoserast).

Dauer der Verzuckerungsrast ca. 30-60 Minuten, bzw. bis Jodproben normal sind, also keine Violett-Verfärbung mehr wegen unverzuckerter Malzstärke auftritt.

Hinweis
Bei Rezepten für einstufige Infusionsbiere (mit nur einer Verzuckerungsrast bei 65-70 °C) muss Jodnormalität in diesem Temperaturbereich erreicht werden. Dies ist prinzipiell auch möglich, da die Malze heutzutage allgemein besser gelöst sind.

Der Hauptprozess des Maischens ist nun vorüber und wird mit dem **Abmaischen** durch Temperaturerhöhung auf 76 °C und ausschalten der Heizung beendet. Danach wird abgeläutert. Zuvor jedoch ruht die Maische etwa 30 Minuten. Durch die **Läuterruhe** lässt sich die Würze noch etwas länger im Verzuckerungsbereich halten, wodurch noch vorhandene Reststärke nachverzuckert. Die Abmaischtemperatur darf übrigens 78 °C nicht übersteigen, da sonst die verantwortlichen Enzyme derart geschädigt werden, dass deren Funktion ausfällt.

➭ Entscheidung (nach Jodprobe) ob Malzauszug notwendig – Zugabe aber erst nach dem Abmaischen. Falls nicht benötigt, jetzt Malzauszug der heißen Würze wieder beimischen.

Malzauszug
Zur Sicherheit der Jod-Normalität nach dem Abmaischen, wenn diese bei Verzuckerungsrast (α-Amylase) nicht oder nur schlecht erreicht wird, ist es grundsätzlich zu empfehlen, während der Maltoserast einen Malzauszug zu nehmen (klare Würze zwischen 60-63 °C und zwar ca. 200 ml pro 20 Liter Bieransatz). Dieser wird abgekühlt und bei Bedarf (schlechter Verzuckerung) nach dem Abmaischen der Maische wieder zugesetzt, wodurch dessen Enzyme die Nachverzuckerung, also Jod-Normalität, bewirken. Jodnormale Würzen gewährleisten einen optimalen Gärverlauf, sowie klare Biere ohne Kleistertrübungen und Schutz gegen Bakterienbefall.

Optimal-Temperaturen für Maische-Reaktionen im Überblick

Temperaturen	Reaktionen
35-40 °C	Oftmalige Einmaischtemperatur. Das Enzym „Maltase“ spaltet Maltose in Glukose (Traubenzucker). Optimaler pH-Wert in der Maische ist 6,0
45-55 °C	Verschiedene Peptidasen (Enzyme) spalten Eiweiß in hauptsächlich gärungsfördernde und schaumbildende Aminosäuren (Nährstoffe).
60-65 °C	Das Enzym „Beta-Amylase“ spaltet Stärke in Maltose (vergärbare Zucker). pH-Optimum ist 5,4-5,6. Schädigung der Beta-Amylase“ bei 70 °C.
70-75 °C	Das Enzym „Alpha-Amylase“ spaltet hauptsächlich Stärke in Dextrine (unvergärbare Zucker). pH-Optimum ist 5,6-5,8. Schädigung der „Alpha-Amylase“ bei 80 °C.

Neben dem wichtigen Stärke- und Eiweißabbau finden während des Maischprozesses weitere Abbauvorgänge statt, die für den Heimbrauer aber weniger interessant sind (z.B. Abbau von Stütz- und Gerüstsubstanzen, sowie Spaltung von organischen Phosphaten in Phosphorsäure).

Brauutensilien/-gerätschaften

1. **Küchenwaage:** Zum Abwiegen der Schüttung (Malze und Zusatzstoffe).
2. **Feinwaage:** Zum Abwiegen des Hopfens und geringen Mengen von Sondermalzen.
3. **Messbecher 1-5 Liter:** Zur Bereitstellung des Brauwassers (Haupt- und Nachguss) (eventuell auch zum Abmessen von Zusatzmaterialien).
4. **Raumthermometer:** Zur Feststellung der räumlichen Gärtemperatur.
5. **Energiequelle:** z.B. Elektroherd, -kocher, Gasherd, Gaskocher usw.
6. **Flaschen/Fässer:** Für die Nachgärung und Lagerung des Bieres.
7. **Jod-N-50-Lösung:** Zur Jodprobe/Verzuckerungsprobe.
8. **Kochtopf I** (25-30 Liter): Zum Maischen und Würze-/Hopfenkochen. Ideal wäre ein solcher mit Auslaufhahn und eigener Energiequelle (dann hat sich Punkt 5. erledigt.) Beim Dekoktionsverfahren sind 2 beheizbare Töpfe notwendig.
9. **Einmach-Thermometer:** Benutzt als Maisch-Thermometer (Es gibt auch spezielle Maischthermometer).
10. **Maischeholz/Braupaddel** bzw. **langstieliger Kochlöffel** (nach Möglichkeit aus Holz): Zum Maischerühren und Auflockern der Treber beim Nachguss.
11. **Brau-Behälter 25-30 Liter:** z.B. aus Kunststoff (ideal wäre mit Auslaufhahn) zur Zwischenaufnahme der abgeläuterten und gefilterten Würze und als Gärbehälter/-bottich.
12. **Schlauch und Klemme** oder **Spezialabfüllrohr:** Aus lebensmittelechtem Material für alle Abfließvorgänge (z.B. Würzeschlauchen und Abfüllen des Jungbieres).
13. **Läuter-/Maischesack:** Für die Maischesacktechnik und als Filter (Läuterboden) beim Abläutervorgang.

14. **Filtergewebe I:** Maschenweite 0,5-0,8 mm zum Abläutern (entfällt wenn Maischesack vorhanden).

15. **Filtergewebe II:** Dichteres Gewebe (z.B. Windel oder besser Spezialfilter) für Hopfen- und Trubfilterung.

16. **Durchlauf- Filtereimer mit Seihereinsatz:** Als Durchlauffilter zum Abläutern und zur Hopfen-/Trubfilterung in welchen Filtergewebe 6. und 7. bzw. Maischesack eingelegt werden können.

17. **Bierspindel** und **Messzylinder:** Zum Messen der Würzestadien, Durchführung der Schnellvergärungsprobe, Überwachung des Gärverlaufes und zur Einstellung des Stammwürzegehaltes.

18. **Kelle:** Zum Abschöpfen der Nachgüsse und eventuell zum Abläutern (entfällt unter Umständen bei gehobener Hausbrauer-Ausrüstung).

19. **Lochkelle:** Zur Nachgussverteilung über die Treber (entfällt bei gehobener Ausrüstung) und eventuell zum Entfernen der braunen Gärdecke.

20. **Kochtopf II (ca. 15 Liter):** Zur Kochung der Teilmaischen beim Dekoktionsverfahren (entfällt beim Infusionsverfahren).

21. **Reinigungs- und Desinfektionsmittel:** Zum Reinigen von Fässern, Flaschen und Brauutensilien.

22. **Lebensmittelechtes Allzweckthermometer:** Zur Feststellung der Gärtemperatur der Anstellwürze (am besten schwimmfähig).

Brauvorgang in Schritten

(3-stufiges Infusionsverfahren)

Dem Hausbrauer sei hier nochmals empfohlen, seine individuellen und nachvollziehenden Braugänge nach dem folgenden und für ihn einfacher zu handhabenden 3-stufigen Infusionsverfahren zu gestalten, um gute Ergebnisse zu erzielen. Bei den später folgenden Rezepten wird er jedoch auch auf ein- und zweistufige Varianten ohne spezielle Verzuckerungsrast stoßen, die er natürlich so auch brauen kann und soll.

Tipp
Die Herstellung von mindestens 20 Liter Bier sollte Vorrausetzung sein, da 10 Liter den gleichen Zeitaufwand beanspruchen, bei unwesentlich geringeren Materialkosten.

1. Welches Bier wird gebraut? (Schüttung/Vorbereitung)

Es wird festgelegt welches Bier gebraut wird, also ob es sich um ein eigenes, bereits schon einmal gebrautes Bier, oder um ein ganz neues, individuelles, oder aber um ein Rezeptnachbrau handelt. Hier fällt auch die Entscheidung bezüglich Bierart, Biergattung, Stammwürze und Biermenge, wobei zur Ablaufunterstützung des Brauvorganges das Brauprotokoll hinzugezogen werden kann. Danach wird die Schüttung (Braumalz und eventuelle Zusatz- und Ersatzstoffe) abgewogen und mit der Brauhefe bereitgestellt. Ebenso werden die gereinigten Utensilien und Gerätschaften platziert.

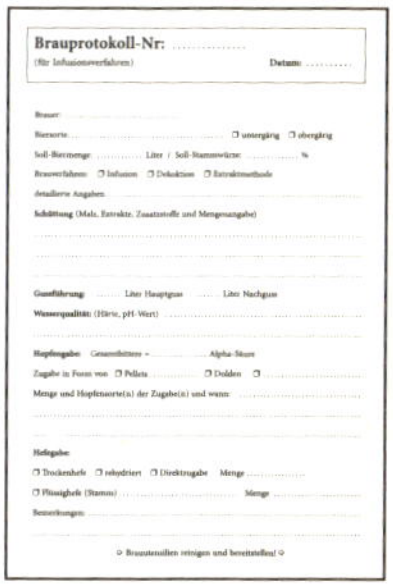
Brauprotokoll-Nr: ....
(für Infusionsverfahren) **Datum:** ....

Brauer: ....
Biersorte: .... ❒ untergärig ❒ obergärig
Soll-Biermenge: .... Liter / Soll-Stammwürze: .... %
Brauverfahren: ❒ Infusion ❒ Dekoktion ❒ Extraktmethode
detaillierte Angaben: ....
Schüttung (Malz, Extrakte, Zusatzstoffe und Mengenangabe)
....
Gussführung: .... Liter Hauptguss .... Liter Nachguss
Wasserqualität: (Härte, pH-Wert) ....
Hopfengabe: Gesamtbittere = ... Alpha-Säure
Zugabe in Form von ❒ Pellets .... ❒ Dolden ❒ ....
Menge und Hopfensorte(n) der Zugabe(n) und wann: ....
Hefegabe:
❒ Trockenhefe ❒ rehydriert ❒ Direktzugabe Menge ....
❒ Flüssighefe (Stamm) .... Menge ....
Bemerkungen: ....
⇨ Brauutensilien reinigen und bereitstellen! ⇦

Das Brauprotokoll hilft.

2. Schroten des Malzes

Falls ein solcher Vorgang notwendig ist, muss er spätestens zu diesem Zeitpunkt erfolgen. Wie bereits erwähnt, kann man diesen staubigen und zeitaufwendigen Vorgang umgehen und mit frisch geschrotetem Malz seines Fachhändlers arbeiten. Geschrotetes Malz ist übrigens nur unwesentlich teurer als ungeschrotetes.

Ideal ist eine nicht zu feine, eher etwas grobere, aber wiederum nicht zu grobe Schrotung des Malzes.

3. Rührtechnik oder Maischesacktechnik

Die Entscheidung für eine der beiden Techniken wirkt sich auch auf den Einsatz der Brauutensilien aus (siehe hierzu

Tipp
Die Ideallösung, besonders für passionierte Hausbrauer, ist natürlich ein Brautopf-Deckel mit eingebautem Rührwerk, wie ihn der gut sortierte Fachhandel zwischenzeitlich (sogar recht preiswert) für alle gängigen Einkochtöpfe und -automaten anbietet.

Deckel mit Rührwerk. Mit dieser Technik lässt es sich natürlich fein arbeiten und beste Ergebnisse erzielen.

Kapitel „Brauutensilien und -gerätschaften"). Das ursprüngliche Maischen beinhaltet ein stetiges, nicht hastiges Rühren über Stunden hinweg, damit sich das Malz besser lösen kann und am Kochtopfboden nicht anbrennt, was das spätere Bier eventuell brenzlig schmecken und dunkler werden ließe. Entscheidet sich der Hausbrauer für diese Technik, so muss er das Maischholz (Braupaddel) bereit halten.

Maischesacktechnik

Die andere Möglichkeit ist das Maischen mit dem Maischesack, welcher auch als Läuterfilter (Läuterboden) verwendet werden kann. So ein Maischesack (Maschenweite 0,5-0,8 mm) besteht aus lebensmittelechtem Kunststoffgeflecht. Der Vorteil des Maischesackes besteht darin, dass die Schüttung in diesem – also nicht frei schwimmend – in die Maischpfanne (Maischekochtopf) gegeben wird. Am Boden des Kochtopfes befindet sich ein flexibles Maischesackgitter, auf welchem der Maischesack während des ganzen Maischprozesses aufsitzt und somit keine Bodenberührung hat, also auch keine Möglichkeit zum Anbrennen des Malzes gegeben ist. Dadurch entfällt schon einmal ein gewisser Teil des Rührbedarfs. Bei dieser Technik genügt es, um die Malzstoffe zu lösen, dass der Maischesack hin und wieder mit beiden Händen vorsichtig im Sud durchgeschüttelt und mit dem Braupaddel (Maischeholz) aufgelockert wird. Diese Technik vereinfacht den vorneweg zeitaufwendigen Maischprozess und man kann zwischendurch auch noch einige andere Dinge erledigen. Die Technik kann bei bis zu ungefähr 50 Liter Brauvorhaben angewendet werden. Darüber hinaus sollte man die Rührtechnik einsetzen. Einfachheitshalber besorgt sich der Hausbrauer, sofern er sich für diese Technik entscheidet, einen Maischesack beim Fachhandel. Ansonsten kann er einen solchen auch selbst nähen (lassen), nachdem er sich eine entsprechende, lebensmittelechte und temperaturbeständige Kunststoffgaze besorgt hat. Das Maischesackgitter ist ebenfalls über den Fachhandel beziehbar.

Selbermacher nehmen hierfür ein Lochblech mit großen Löchern oder ein Gitter aus Edelstahl, welche rundum mit 6-8 Edelstahlschrauben (40-50 mm lang) als Bodenabstandhalter versehen werden. Die Schrauben werden gegenüber der Kopfseite mit je zwei Muttern am Blech oder Gitter gekontert.

Einmaischen und Maischen mit dem Maischesack.

Einmaischen und Maischen mittels Maischeholz (Rührtechnik).

Hinweis

Beim Maischen mit dem Maischesack sind mit einem Maischthermometer die für den Maischprozess wichtigen Rast-Temperaturen der sich im Maischesack befindlichen Schüttung/Maische hin und wieder zu prüfen. Diese können sich aufgrund der konzentrierten Dichte im Maischesack von der außerhalb des Sackes stehenden Flüssigwürze unterscheiden. Durch wiederholtes Umrühren und Bewegen des Sackes, oder durch Überlaufen/Einlaufen lassen von äußerer, heißerer Flüssigwürze in den Maischesack, regulieren.

4. Welcher Brautopf wird verwendet?

Nachdem die Entscheidung für die anzuwendende Technik gefallen ist, wird der zur Verfügung stehende Maisch-/ Kochtopf bereitgestellt. Der idealste Behälter hierfür ist wohl der Einmachtopf mit Auslaufhahn und integrierter Heizung, bei dem auch das Maischen in Verbindung mit der Maischesacktechnik am problemlosesten abläuft. Aber auch alle anderen, vom Volumen her passende Töpfe, sind natürlich geeignet.

Maischtopf mit Auslaufhahn, integrierter Heizung und Temperatursteuerung.

Normaler Einkochtopf.

5. Hauptguss / Nachguss

Nach Berechnung des Hauptgusses (siehe Kapitel „Hauptguss / Nachguss“) wird selbiger bereitgestellt. Es spart Zeit, gleichzeitig auch den Nachguss vorzubereiten, insbesondere dann, wenn das Brauwasser aufbereitet wird. Ist das verwendete Brauwasser jedoch gleich dem zur Verfügung stehenden Leitungswasser, so ist eine Bereitstellung nicht nötig, da es bei Bedarf dem Wasserhahn einfach entnommen werden kann.

Leitungswasser fließt über einen zwischengeschalteten Enthärter/ Wasserfilter in einen Messbehälter, bevor es als Haupt- oder Nachguss verwendet wird. Neben Braugips und Sauermalz die wirksamste Methode, Brauwasser zu enthärten (sofern notwendig). Neben der Brauwasseraufbereitung ist so ein Wasserfilter zudem auch bestens für den Haushaltsbedarf und -einsatz verwendbar.

6. Einmaischen

Nach Erwärmen des Hauptgusses im Brautopf (Maischpfanne) auf eine entsprechend vorgegebene Einmaischtemperatur wird die Schüttung mit Hilfe des Maischholzes (Braupaddels) klumpenfrei eingerührt. Beim Maischesackverfahren kann die Schüttung in den Maischesack und mit diesem zusammen in den Brautopf gegeben und dann aufgerührt werden. Wichtig ist, dass sich Schüttung und Hauptguss gut miteinander vermischen.

Eingemaischte Schüttung.

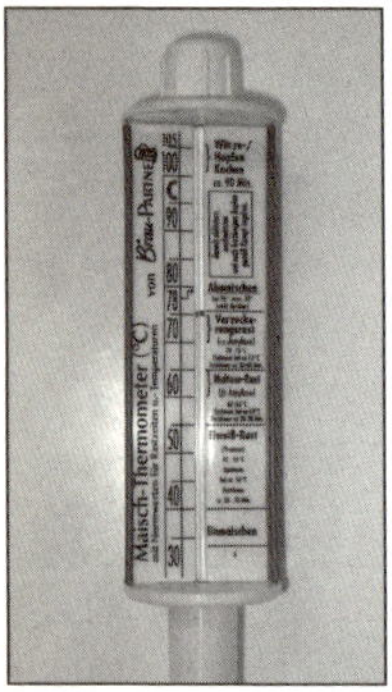

Steht kein Koch-(Brau-)Topf mit gesteuerter Temperaturregelung zur Verfügung, bedient man sich eines speziellen Maischthermometers.

Merke

Stellt sich trotz eventuell verlängerter Rastdauer keine Jodnormalität ein, Maischprozess fortführen, bzw. mit Abmaischen beenden. Die Restverzuckerung wird durch Zusatz eines kalten Malzauszuges zu der Maische (nach dem Abmaischen) bewirkt. (Siehe Maischprozess „Maltoserast“ - Malzauszug.)

7. Protease (Eiweißrast)

Nach Aufheizen auf Eiweißrast diese gemäß Vorgabe (siehe „Rezepte“ oder Kapitel „Maischprozess“) halten. Danach aufheizen (ca. 1 °C pro Minute) bis zur nächsten Raststufe.

8. Maltoserast (β-)Beta-Amylase

Halten der Maltoserast gemäß Vorgabe (siehe „Rezepte“ oder Kapitel „Maischprozess“). Danach aufheizen (ca. 1 °C pro Minute) bis zur nächsten Raststufe.

9. Verzuckerungsrast (α-)Alpha-Amylase und Jodprobe(n)

Halten der Verzuckerungsrast gemäß Vorgabe (siehe „Rezepte“ oder Kapitel „Maischprozess“).

9a) Zugabe und Beikochen eventueller Zusatz- und Ersatzstoffe ab Rastmitte möglich (oder aber erst beim Würzekochen), sowie eventuelle Zugabe von Farbmalz ca. 5-10 Minuten vor Rastende, bzw. unmittelbar nach Jodnormalität.

9b) Beginn mit den Jodproben (siehe Kapitel „Maischprozess“) ab Rastmitte. Nach Erreichen der Jodnormalität Beendigung der Verzuckerungsrast.

Danach aufheizen (ca. 1 °C pro Minute) auf Abmaischtemperatur.

10. Abmaischen

Nach Erreichen der Abmaischtemperatur (max. 76 °C) das Infusionsmaischverfahren beenden. Maische und Vorderwürze ca. 30 Minuten ruhen lassen (**Läuterruhe** siehe „Maischprozess“) und dann abläutern.

➩ **Jetzt (kalten) Malzauszug geben, wenn notwendig.**

11. Abläutern und Nachguss geben (anschwänzen)

Abläutern

Nach dem Abmaischen wird die Maische über den Durchlauf-Filtereimer in den Läuterbottich abgeläutert (siehe hierzu auch „Theorie des Abläuterns und Filterns“ und „Hauptguss – Nachguss“). Der Maischesack dient als Läuterboden (Filter) und befindet sich im Durchlauf-Filtereimer – mit dem Seiher darunter.

Wurde per „Rührtechnik“ gemaischt, geschieht dies mit Hilfe einer Kelle, mit welcher zuerst die Treber, die zusätzlich als effizienter Filter dienen, und dann erst die flüssige Maische in den Maische-/Filtersack eingeschöpft werden, um nach unten abzufließen.

Beim Maischen mit der „Maischesacktechnik“ befinden sich die Treber bereits im Maischesack und werden mit diesem direkt und komplett aus der Maischpfanne heraus in den Durchlauf-Filtereimer gestellt. Danach wird die sich noch in der Pfanne befindende Flüssigmaische über die Treber geschüttet, wo sie nach unten in den Läuterbottich (mehr oder weniger klar) abfließt und als **Vorderwürze** (mit dem höchsten Extraktgehalt) ankommt.

Die Vorderwürze wird über dem Ablaufhahn des Läuterbottichs auf Klarheit geprüft. Ist sie trüb, wird sie dem Läuterbottich entnommen und erneut über die Treber gegeben. Dies muss so lange wiederholt werden, bis die Vorderwürze klar in den Läuterbottich läuft, da sonst später unerwünschte Biertrübungen auftreten können. Die Dauer dieses Vorgangs kann der Hausbrauer ruhig der **Läuterruhe**-Zeit anrechnen.

Abläutern (nach und nach) mittels einer Kelle. Treber und Würze kommen so in den Maischesack, der als Läuterboden dient und sich im Durchlauf-Filtereimer befindet.

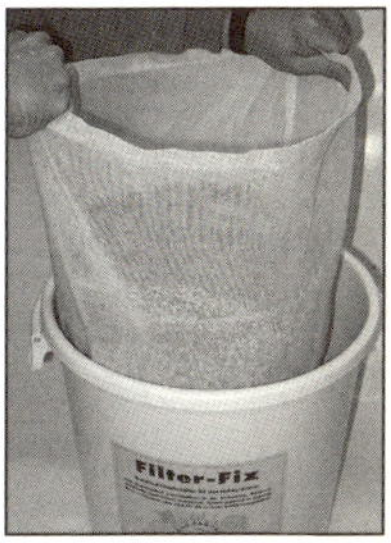

Abläutern in einem Zug. Treber befinden sich bereits im Maischesack (siehe Maischesacktechnik Punkt 3).

Anschwänzen (Nachguss geben)

Der auf 76 °C erwärmte Nachguss wird sodann der Vorderwürze über die Treber angeschwänzt, um die Restaussüßung dieser zu bewirken.

a) Klassische Methode (3-4 Nachgüsse)

Mittels einer Lochkelle oder eines Dreh-Anschwänzers wird das Nachgusswasser mit 3-4 Güssen über die Treber

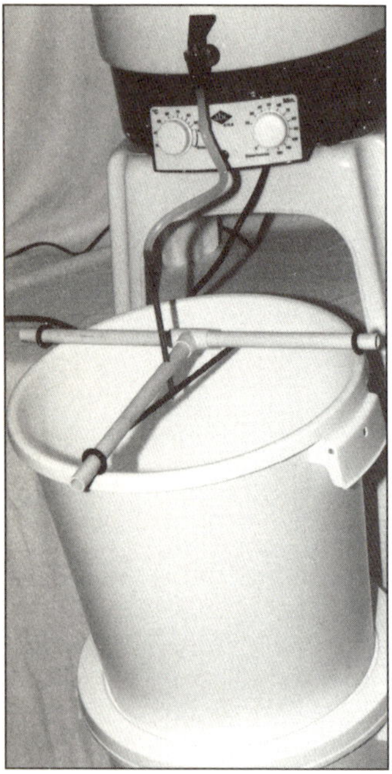

Nach dem Abläutern werden die Nachgüsse (76 °C heiß) „angeschwänzt". Entweder mit einem speziellen Dreh-Anschwänzer (siehe Foto) oder mittels einer Lochkelle (siehe unten).

verteilt. Zwischen den einzelnen Nachgüssen ist eine Pause von 10-15 Minuten einzuhalten, damit die Treberoberfläche einigermaßen abtrocknen kann. Zwischendurch sind die Treber immer wieder mit der Kelle oder dem Maischeholz „aufzuhacken" (aufzulockern).

b) Modifizierte Methode

Der Läuterfilter (Maischesack) wird komplett mit den gesamten Trebern in die Maischpfanne mit dem 76 °C heißen Nachguss eingesetzt (er steht wegen der Anbrenngefahr auf dem so genannten Maischesackgitter) und dort für 15-20 Minuten belassen. Während dieser Zeit wird er immer wieder vorsichtig aber doch intensiv geschüttelt, bewegt und die Treber mit dem Maischeholz aufgelockert. Dadurch lösen sich die Restzucker bestens. Danach kommt der Sack (inkl. Treber) wieder komplett zurück in den Durchlauf-Filtereimer, und der Nachguss wird nun nochmals, aber auf einmal, über die Treber angeschwänzt, was wiederum mittels Lochkelle oder Dreh-Anschwänzer geschieht.

Hinweis

Diese Methode ist schneller als die „klassische", und wenn sie richtig durchgeführt wird, auch etwas ergiebiger bezüglich der Extraktausbeute. Aufgrund der notwendigen Behältnisse und des erforderlichen Kraftaufwandes ist sie allerdings höchstens für bis zu 50-Liter-Sude anwendbar.

Die billigere, vielleicht etwas aufwändigere Art, ist das „Anschwänzen" der Nachgüsse über eine Lochkelle, wodurch das Wasser aber auch über den Treberkuchen verteilt wird.

Die sich jetzt (nach Abläutern und Anschwänzen) im Läuterbottich angesammelte Würzemenge nennt man die **Pfannenvollwürze**, die nun noch einmal „gespindelt" wird, bevor das Würze-Hopfenkochen beginnt.

12. Würze- und Hopfenkochen

Die „Pfannenvollwürze" (die jodnormal sein soll) wird wieder in den Brautopf (Kochtopf) umgefüllt, welcher jetzt als Würzepfanne dient und in dem nun Hopfen und Würze miteinander gekocht werden. Die Hopfenmenge und die Anzahl der Hopfengaben sind den Rezepten zu entnehmen oder individuell zu handhaben. Das Kochen bewirkt die Sterilisation der Würze und das Lösen der für das Bier notwendigen Hopfenbestandteile und somit deren Überführung in die Würze. Desweiteren werden die Enzyme zerstört und Eiweiß geronnen, um später als Bruch auszufallen. Schließlich bezweckt das Kochen noch die Konzentration der Würze auf einen bestimmten Stammwürzegehalt, indem die „Pfannenvollwürze" teil-

Tipp
Treberbrot:
Nach Beendigung des Anschwänzens kann man die Treber entweder auf den Müll werfen, verfüttern, kompostieren oder als Zutat für leckere Treberbrote verwenden. Einem Brotrezept gibt man einfach 20-30 % getrocknete Treber zu (im Austausch gegen die entsprechende Mehlmenge.)

Ersatz- und Zusatzstoffe werden im Mousselinsäckchen beim Würzekochen ab 40 °C zugegeben.

Zugabe des Hopfens (Pellets) in die kochende Würze.

Hinweis
Eine intensive und heftige Kochung erbringt einen grobflockigen Bruch und eine feurig-glänzende Würze. Das Ziel jedes Brauers, weil diese optischen Merkmale ein gutes Ergebnis erwarten lassen.

weise verdampft, wodurch sich das Würzevolumen verringert und der Extraktgehalt (Stammwürze) ansteigt. Das Kochen sollte am besten mit leicht geöffnetem Deckel erfolgen. Sich an Deckel und Innenwand ablagernde Hopfenbestandteile müssen mit einem Löffel oder dem Maischeholz hin und wieder in die Würze zurückgeschabt werden, damit ihre Wirksamkeit nicht verloren geht. Man möge beachten, dass das Beikochen etwaiger Zusatz- und Ersatzstoffe ab 40 °C erfolgen sollte. Dies gilt insbesondere für das Extraktverfahren, aber auch für das Maischverfahren, wenn Beikochung nicht schon während des Maischens (Verzuckerungsrast) erfolgte. Mit Beendigung des Würzekochens entsteht die sogenannte **Ausschlagwürze,** welche, bis auf wenige Verluste durch Verdunstung und Gärung, in etwa der späteren Biermenge entspricht.

Tipp zur Würzekühlung
Die Ausschlagwürze kann man abgedeckt über Nacht stehen lassen oder in einem geeigneten Kühlschrank auf Gärtemperatur herunterkühlen, oder mittels einer selbst gewundenen Kühlspirale aus Kupferrohr, die mit Gardena-Anschlüssen versehen wird. Man hängt sie in die Würze und leitet kaltes Wasser hindurch.

13. Hopfenseihen

Darunter versteht man das Trennen des Naturhopfens von der Würze mittels eines Siebes. Da der Hausbrauer aber hauptsächlich mit Pellets arbeiten wird, welche sich staubähnlich in der kochenden Würze lösen, entfällt diese Filtration, bzw. geschieht mit der Trubausscheidung nach Würzekühlung. Wird dennoch Naturhopfen verwendet, sollte dieser auf mehrere Mousselin-Säckchen (mit gereinigten Glaskugeln oder Kieselsteinen als Beschwerung befüllt) verteilt und in der Würze mitgekocht werden. Dadurch wird später die Filtration erleichtert, da die Säckchen nach Kochende bequem und einfach der Würze entnommen werden können. Die Glaskugeln und Kieselsteine sorgen dafür, dass der leichte Naturhopfen nicht nur an der Oberfläche schwimmt, sondern in der sprudelnden Würze umherwirbelt, was eine gute Lösung der Hopfenbestandteile bewirkt.

14. Würzekühlung / Trubausscheidung

Vor Gärbeginn muss die heiße Ausschlagwürze auf entsprechende Temperatur abgekühlt werden. Dabei entsteht unmittelbar nach dem Kochen der sogenannte Heißtrub und beim Abkühlen in Temperaturhöhe von ca. 60 °C der Kühltrub. Beide setzen sich hauptsächlich aus Eiweiß sowie aus Bitterstoffen und anderen organischen Stoffen zusammen. Dieser Trub muss nach Abkühlung der Ausschlagwürze ausgeschieden (ausgefiltert) werden, weil sonst die nachfolgende Gärung nicht optimal ablaufen würde. Insbesondere der grobflockige Heißtrub ist vollständig zu entfernen. Die Trubentfernung geschieht in der Praxis durch verschiedene Möglichkeiten. Dem Hausbrauer stehen wohl nur zwei davon zur Verfügung.

Die eine ist die Filtration,
wobei wiederum die Kombination Durchlauf-Filtereimer und Braueimer zum Einsatz kommen und wobei letzterer gleich als Gärbottich genutzt wird. Anstatt des Maischesackes wird ein wesentlich feinmaschigeres Trubfiltergewebe, einfach oder mehrfach gelegt, verwendet.

Die andere Möglichkeit ist die der Sedimentation,
bei welcher man die auszuscheidenden Stoffe über Nacht absitzen lässt, um die Würze danach so abzuziehen, dass die unerwünschten Stoffe zurückbleiben. Diese Methode sei angeraten, da man damit den ganzen Ausscheidungsprozess in einem Vorgang bewältigt. Nach Kochende lässt man die Würze komplett im Kochtopf (Würzepfanne) und verschließt selbigen mit dem dazugehörenden Deckel, welchen man mit Kreppband rundum ab-

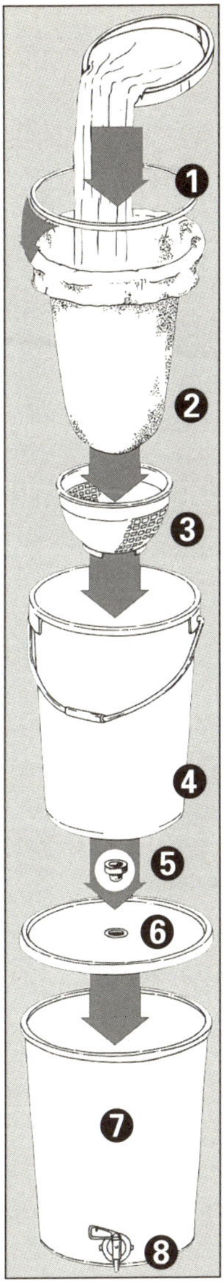

Hopfenseihen und Trubfilterung
(„Brau-Partner-System")

Die gekochte Würze wird von Trubteilen und Hopfenresten befreit.

Gummiband **(1)** (fixiert das Filtergewebe am Außenrand).

Die von Trub und ausgekochtem Hopfen zu trennende Würze wird in das spezielle Filtertuch **(2)** gefüllt.

Lochseiher **(3)** (sorgt für zügigen Filtriervorgang, hält das Filtertuch auf Distanz zum Bodenauslauf des Durchlauf-Filtereimers **(4)**.

Durchlauf-Filtereimer „Filter-Fix" **(4)** mit verschließbarem Auslaufstutzen **(5)** (passt exakt auf den „Brau- und Gäreimerdeckel") **(6)**.

Deckel mit verschließbarer Füllöffnung **(6)**.

Brau- und Gäreimer (hier als Gärbottich **(7)** benutzt), nimmt die Anstellwürze auf. Nach Ende der Hauptgärung wird das Jungbier direkt über den Ablaufhahn **(8)** abgefüllt.

Wenn keine Sudpfanne mit Ablaufhahn zur Verfügung steht, wird die Würze mit einer Kelle herausgeschöft und so in den Durchlauf-Filtereimer gegeben.

klebt, also auch gegen Bakterien abdichtet. Dann lässt man den Topf bis zum anderen Tag stehen. Dies hat den Vorteil, dass die Würze ohne Infektionsgefahr abkühlt und der Hopfen, sowie Heiß- und Kühltrub, auf einmal abgetrennt werden können. Theoretisch sogar ohne Filtervorgang, wenn man es fertig bringt, die klare Würze ohne Bodenablagerungen abzuziehen. Sicherheitshalber sollte trotzdem eine Filtration, wie unter der ersten Möglichkeit beschrieben, erfolgen. An oberster Stelle der Kochtopf, von wo per Auslaufhahn oder mit einer Schöpfkelle die Würze vorsichtig abgezogen und durch den Durchlauf-Filtereimer (jetzt mit Trubfiltergewebe ausgelegt) in den darunter stehenden Braueimer (Gärbottich) geleitet wird, um in diesem anschließend zu gären.

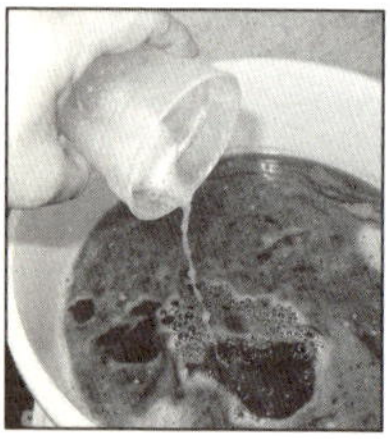

Die Zugabe von Flüssighefe oder rehydrierter Trockenhefe zur Würze nennt man „anstellen".

15. Einstellung der Stammwürze

Der Extraktgehalt der Ausschlagwürze wird nun gespindelt, um den Stammwürzegehalt festzustellen. Die wunschgemäße Einstellung desselbigen erfolgt gemäß den Angaben des Kapitels „Stammwürzeregulierung".

16. Anstellen der Würze mit Hefe

Nachdem die Würze, jetzt auch Anstellwürze genannt, im Gäreimer (-bottich) auf die benötigte Gärtemperatur eingestellt ist, wird die unter- oder obergärige Bierhefe kräftig in die Würze eingerührt, so dass genügend Sauerstoff mit einfließt, der für rasche An- und Weitergärung sorgt. Je schneller die Gärung nämlich in Schwung kommt und Oberflächenschaum bildet, um so sicherer ist dies für die in diesem Zustand anfällige Würze. Das Vorbereiten (rehydrieren) der Trockenhefen ist im Kapitel „Bierhefe" beschrieben. Bei Flüssighefen sind die Herstellerhinweise tunlichst zu beachten.

Kräftiges Unterrühren der Hefe in die Würze zum Zweck der Sauerstoffzufuhr.

17. Schnellvergärungsprobe und Abfüllzeitpunkt

Mit Entnahme einer Menge von ca. 200 ml Würze kann nun die Schnellvergärungsprobe durchgeführt und der Abfüllzeitpunkt bestimmt werden. Dieser Vorgang ist ausführlich im Kapitel „Schnellvergärungsprobe und Abfüllzeitpunkt“ beschrieben.

18. Hauptgärung

Die Hefe ist „angekommen“ (Gärbeginn).

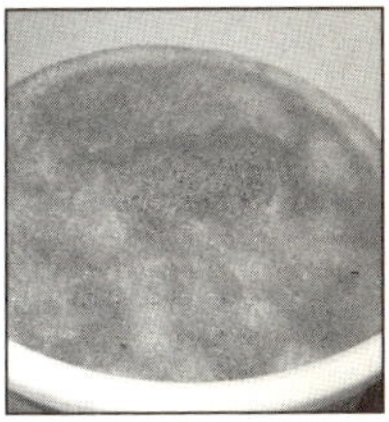

Mitten in der Hauptgärung.

Abschöpfung/Entfernung des braunen Gärschaums.

Nach „Ankommen“ der Hefe in der Würze, also nach Gärbeginn, welcher nach ca. 12-36 Stunden einsetzen sollte, beginnt die Hauptgärung. Diese ist je nach Hefeart (unter- oder obergärig) von der Dauer unterschiedlich (siehe hierzu Kapitel „Bierhefe“). Auch optisch unterscheiden sich die beiden Hefen während der Hauptgärung. Die obergärige ist wilder und produziert größere Schaumberge, während die Untergärung weit weniger heftig abläuft. Braunfärbungen des Gärschaumes, die durch Hopfenöl-Sauerstoffverbindung entstehen, sowie ebenfalls schmierig-braune Hefeablagerungen, müssen mit Hilfe eines Kochlöffels oder der Lochkelle abgetragen werden, da sich diese negativ auf den späteren Biergeschmack auswirken. Die weiße Schaumdecke sollte als Schutzschild gegen Außeneinflüsse erhalten bleiben. Um den richtigen Abfüllzeitpunkt nicht zu verpassen, wird der Verlauf der Hauptgärung mit der Bierspindel beobachtet und schließlich gegen Ende im Spindelzylinder genau festgestellt. Geübte Hausbrauer erkennen den ungefähren Abfüllzeitpunkt auch ohne Spindeleinsatz daran, dass die Kohlensäureentwicklung nachlässt und die Blasen spärlicher aufsteigen. Maßnahmen bezüglich eines nicht richtig getroffenen Abfüllzeitpunktes sind ebenfalls dem Kapitel „Schnellvergärungsprobe und Abfüllzeitpunkt“ zu entnehmen. Mit Beendigung der Hauptgärung wird das halbfertige Bier als „Jungbier“ bezeichnet.

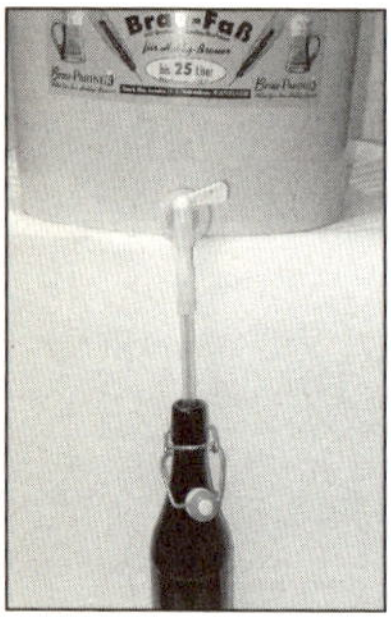

Das Jungbier wird nach der Hauptgärung zwecks Lagerung und Nachgärung in Flaschen oder Fässer „geschlaucht".

19. Schlauchen

Um den Reifeprozess fortzusetzen und um bei der folgenden Nachgärung weitere Kohlensäure zu bilden, muss das Jungbier aus dem Gärbottich in andere, geschlossene Behältnisse umgefüllt werden. Dieser Vorgang wird als „Schlauchen" bezeichnet (siehe Kapitel „Schlauchen"). In den Brauereien ist es heutzutage mehr ein Abfließen, während der Hausbrauer mit seiner ihm zur Verfügung stehenden Technik doch eher diesem Ausdruck gerecht wird. Mit Hilfe eines Schlauches und einer Schlauchklemme oder eines Abfüllrohres mit Stopp-Funktion zieht er das Jungbier zum richtigen Zeitpunkt möglichst „lauter" (rein) über den Bodenablagerungen des Gärfasses ab, um es in die zuvor bestens gereinigten Flaschen oder Fässer zu füllen. Die Schlauchlänge ist so zu bemessen, dass sie bis knapp über den Boden der zu befüllenden Behältnisse reicht, wodurch Schaumbildung beim Abfüllen vermieden wird, was wiederum einen teilweisen Verlust der bei der Hauptgärung bereits entstandenen Kohlensäure bedeuten würde. Weitere wichtige Details und entsprechende Vorgehensweise hierzu sind dem Kapitel „Schnellvergärungsprobe und Abfüllzeitpunkt" zu entnehmen.

Ideal für den Heimbrauer sind Bügelverschlussflaschen jeglicher Art (jedoch kein Weißglas wie z.B. Sprudelflaschen).

20. Nachgärung und Druckkontrolle

Im Gegensatz zum Hausbrauer lässt der gewerbliche Braumeister sein geschlauchtes Jungbier in speziellen Tanks nachgären und lagern. Während dieser Zeit reichert sich das Bier noch zusätzlich mit Kohlensäure durch die Vergärung von Restzucker an, wodurch sich eine weitere Hefeschicht am Behälterboden ablagert. Das gleiche geschieht auch in den Flaschen und Fässern des Hausbrauers. Dieser muss und kann mit diesem Umstand leben, indem er beim Einschenken (nach Lagerung und Klärung) entsprechend vorsichtig verfährt, damit die Sedimentation am Boden zurückbleibt. Mag er sein Bier jedoch „hefetrüb", so braucht er beim Einschenken weniger vorsichtig zu sein. Im Fassbereich bietet der Fachhandel entsprechende Produkte mit speziellen Systemen an, die Trubmitlauf verhin-

Auch die Kegs für alkoholfreie Getränke sind nicht zuletzt wegen der großen Öffnung (gut für die Reinigung) besonders ideal für den Hausbrau-Bereich. Der Fachhandel bietet hierfür das komplette Zusatz-Equipment zum Zapfen und Reinigen.

5-Liter-Party-Kegs mit Spezial-Gummistopfen, der ein Entgasungsventil beinhaltet, sind ebenfalls geeignet – und mehrfach verwendbar. Auch hierfür hält der gut sortierte Fachhandel das komplette Zusatzprogramm bereit.

dern. In Brauereien wird das Bier aus dem Nachgärtank zuerst durch einen Filter geführt bevor es in Flaschen und Fässer gelangt. Um Kohlensäureverlust zu vermeiden geschieht dies mit Gegendruck. Auf diese Technik muss der Hausbrauer meist verzichten, was aber wie gesagt kein Nachteil für sein Bier bedeutet. Obergäriges Bier sollte man ca. 5-7 Tage bei Zimmertemperatur nachgären lassen. Dies gilt auch für untergäriges Bier, wenn es mit einer speziellen untergärigen Trocken-Bierhefe (Lagerhefe) vergärt wurde. Ansonsten liegen die Nachgärtemperaturen für untergäriges Bier bei 2-8 °C, wobei die Dauer wie beim obergärigen anzusetzen ist. Während der Nachgärung ist es angeraten, durch eine oder mehrere Druckkontrollen ab dem zweiten Tag zu prüfen, ob die Kohlensäurebildung normal verläuft. Dies geschieht durch kurzes Öffnen und wieder Verschließen der Flaschen. Deshalb sind Bügelverschlussflaschen nach wie vor die geeignetsten Behältnisse für Hausbrauer, besonders bei deren ersten Braugängen. Bei dieser Aktion kann akustisch festgestellt werden, ob der Abfüllzeitpunkt richtig gewählt wurde. Wurde zum rechten Zeitpunkt geschlaucht, ist ein sanftes „Plopp“ zu vernehmen, welches darauf hinweist, dass während der Nachgärung und Lagerzeit alles richtig verläuft und eine entsprechende Kohlensäurebildung zu erwarten ist. Ist das zu vernehmende Geräusch jedoch mehr ein „Knall“, der

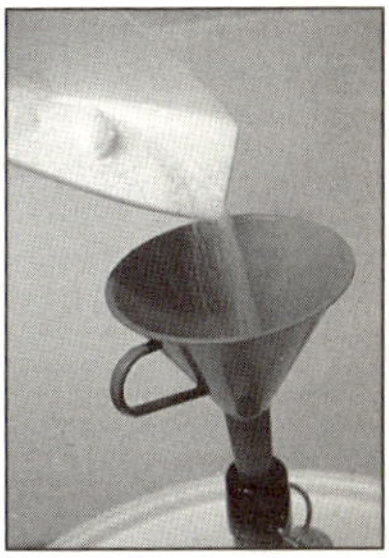

Nachzuckern mit Hilfe eines Trichters.

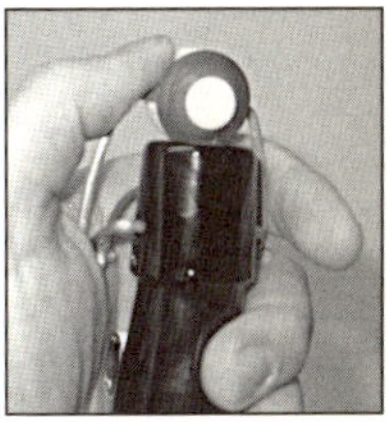

Durchführung der Druckkontrolle durch schnelles Öffnen und wieder Verschließen einer Bierflasche mit Bügelverschluss.

Überwachung des Drucks mittels eines aufschraubbaren Spezialverschlusses mit Manometer für Euro-Sprudelflaschen. (Mit dem Abfüllen eines Sudes in Flaschen oder Fässer wird ebenfalls eine Sprudelflasche befüllt. Anhand dieser Flasche wird die Nachgärung des ganzen Sudes überwacht bzw. kontrolliert.)

eventuell mit Schaumaustritt verbunden ist, so deutet dies eindeutig auf eine zu früh beendete Hauptgärung hin. In diesem Fall bleibt dem Hausbrauer nichts anderes übrig, als die Flaschen (Behältnisse) die nächsten Tage immer wieder kurz zu öffnen, bis sich der Sturm gelegt hat. Sollte jedoch beim Öffnen gar kein Geräusch zu hören sein, so wurde der Abfüllzeitpunkt schlichtweg verpasst. Dann hilft nur noch die Zugabe von einem halben Teelöffel Zucker, bzw. Trocken-Malzextrakt pro Flasche, oder von 100 Gramm dieser Ingredenzien für ein 20-bis-25-Liter-Fass, um die Nachgärung wieder in Schwung zu bringen. Danach ist es dann wiederum angebracht eine Druckkontrolle, wie zuvor beschrieben, durchzuführen.

21. Lagerung und Klärung

Der Nachgärung folgt die möglichst dunkle Lagerung des Bieres, bei der es sich klärt und noch weiter mit Kohlensäure anreichert. Die Flaschen oder Fässer werden nun nicht mehr geöffnet. Während der Lagerung lässt die Bittere des Hopfens nach. Ebenso verfeinert sich der Malzgeschmack. Das Bier reift zum typischen Geschmack hin. Eine kühle Lagerung ist vorzuziehen, jedoch für den Hausbrauer nicht immer so einfach zu bewerkstelligen. Die Biere können deshalb auch bei Kellertemperatur (15-18 °C) lagern. Ideal wäre natürlich ein Temperaturbereich von 5-10 °C für obergärige Biere und 1-3 °C für untergärige.

Prinzipiell gilt: Je kühler die Lagerung, desto besser Klärung, Haltbarkeit und Kohlensäurebildung. Die ideale Lagerzeit für selbstgebrautes Bier ist 4-8 Wochen, wobei dies von der Entscheidung jedes Einzelnen abhängt, wann er sein Bier verkonsumieren möchte. Wie gesagt, auch nach 2-3 Wochen Lagerzeit kann ein „Selbstgebrautes“ schon ganz interessant schmecken.

Vom Malz zum Bier
Mälzerei
Brauerei
zweizeilige Braugerste
vorputzen und sortieren der Körner
weichen
keimen
darren
entkeimen, putzen und sortieren
lagern
zum Brauer
schroten
maischen (Infusion/Dekoktion)
abläutern und anschwänzen
Hopfenzugabe und Würzekochen
Hopfenseihen und Trubausscheidung
Abkühlen der Würze auf Gärtemperatur
Hauptgärung (Ober-/Untergärung)
Jungbier
schlauchen, nachgären und lagern
Feinfilterung des gelagerten Bieres
abfüllen in Fässer und Flaschen
genießen

▲ Na, dann Prost!

Weitere Brauverfahren

- **Infusionsverfahren (absteigend)**

- **Dekoktionsverfahren**
  Dreimaischverfahren
  Zweimaischverfahren
  Einmaischverfahren

- **Extraktverfahren**
  Fertigsets/Brau-Kits
  einfaches Extraktverfahren (ohne Kochen)
  klassisches Extraktverfahren (mit Kochen)

Infusionsverfahren (absteigend)

Dieses hauptsächlich in England angewandte Brauverfahren ist recht einfach und für gehaltvolle, obergärige Biere wie z.B. Ales durchaus und versuchsweise anwendbar.

Die Schüttung wird mit ca. 35 °C warmem Wasser gründlich vorgemaischt (vermischt) und etwa 1 Std. stehen gelassen. Während dieser Zeit hin und wieder mit dem Maischeholz umrühren. Die Hauptgussmenge etwas erhöhen, auf ca. 75 °C erhitzen und in den Maischbottich geben. Die vorgemaischte Schüttung (Malzschrot) einspringen lassen und einige Zeit kräftig umrühren.

Den Maischbottich mit Deckel verschließen, wenn möglich rundum isolieren und die Maische sich selbst überlassen. Nach dem Einspringenlassen der vorgemaischten Schüttung soll die Temperatur der Gesamtmaische auf ca. 65 °C fallen (notfalls korrigieren, bzw. exakt berechnen).

Verzuckerungsprozess und Eiweißabbau geht also von oben nach unten verlaufend vor sich. Deswegen absteigende Infusion. Dieses Verfahren betont somit die Alpha-Amylase (Lösung nicht vergärbarer Zucker). Die Wirkung der anderen Enzyme sind geschwächt. Dauer der Rastzeiten können nicht beeinflusst werden – deshalb auch niedrigerer Vergärungsgrad.

Den Maischbottich über Nacht stehen lassen. Am anderen Tag abläutern, anschwänzen und wie üblich fortfahren.

Sicherlich ist dieses Verfahren keine befriedigende Alternative, aber, wie gesagt, vielleicht doch einmal einen Versuch wert.

Dekoktionsverfahren

Das Dekoktionsverfahren ist die in gewerblichen Brauereien nach wie vor üblichste Braumethode. Gegenüber dem Infusionsverfahren, bei dem kein Teil der Maische gekocht wird, werden beim Dekoktionsbrauen, je nach Maischverfahren, 1-3 Teilmaischen (Kochmaischen) gezogen, d. h. vom Maischbottich in die Maischpfanne überführt, und dort nach stufenweiser Temperaturanhebung, auch unter Einhaltung von Rasten, zum Kochen gebracht.

Der (Haus-)Brauer benötigt zwei beheizbare Kessel/Töpfe für dieses Verfahren, während er beim Infusionsverfahren mit einer Maischpfanne (Brautopf) auskommt.

Beim Kochen der Teilmaischen (bei ca. 95-100 °C) werden die stärkeführenden Zellen des Mehlkörpers gesprengt und die Stärke verkleistert. Die in der Kochmaische enthaltenen Enzyme werden dabei vernichtet.

Nach dem Kochen einer Teilmaische wird diese wieder der Rastmaische (übriger, nichtgekochter Anteil) im Maischbottich zugemaischt/zugegeben. Dadurch wird die Temperatur der Gesamtmaische im Maischebottich nach und nach auf die einzelnen Raststufen (siehe Kapitel „Maischprozess") erhöht, bei denen die notwendigen und wichtigen Umwandlungsprozesse stattfinden. In der im Maischbottich befindlichen Rastmaische sind stets noch genügend aktive Enzyme, die nun die durch das Kochen verkleisterte Stärke leichter und schneller verzuckern.

Als erste, bzw. zweite Kochmaische werden deshalb hauptsächlich „Dickmaischen" gezogen. Diese Teilmaischen bestehen aus wenig Flüssigkeit, dagegen aus reichlich Schüttungsanteilen. Die gelösten Enzyme verbleiben somit größtenteils im Maischbottich und aktiv. Lautermaischen sind dagegen wässrige Maischen mit wenig bis gar keinen Malzanteilen.

Dekoktionsbiere sind kerniger und dunkler als Infusionsbiere. Nicht zuletzt, weil die Maischbottich-Rastzeiten, wegen der Dauer der Kochmaischen, relativ lang eingehalten werden. Hauptsächlich aber auch, weil durch das Teilmaische-Kochen mehr Geschmacksstoffe aus dem Malz gelöst werden.

Dekoktionsbrauen setzt für den Hausbrauer voraus, dass sowohl Maischbottich und Sudpfanne beheizbar sind und in beiden gerührt werden sollte.

Von der gewählten Einmaischtemperatur hängt die Anzahl der Kochmaischen ab, also ob es sich um ein Dreimaisch-, Zweimaisch- oder Einmaischverfahren handelt.

Die einzelnen Dekoktionsverfahren werden nachfolgend „Schritt für Schritt" beschrieben.

Dreimaischverfahren

Dieses Verfahren wird aus Kostengründen im gewerblichen Bereich heute nur noch selten durchgeführt. Es ist aber die Basis aller Dekoktionsverfahren und wurde eigentlich mehr zur Herstellung dunkler Biere angewandt.

Einmaischen bei 35-38 °C im Maischbottich und Temperatur halten bis 1. Kochmaische wieder zugemaischt wird.

1. Kochmaische (dick): etwa ⅓ des Gesamten (Hauptguss und Schüttung) in die Maischpfanne geben.

a) Aufheizen auf 50 °C (10 Minuten Eiweißrast halten),
b) aufheizen auf 68 °C (20 Minuten Verzuckerungsrast),
c) aufheizen auf Kochtemperatur, dazwischen bei 70-72 °C bis Jodnormalität verzuckern;
   – dunkles Malz 30-40 Minuten kochen
   – helles Malz 10-20 Minuten kochen,
d) Kochmaische der Rastmaische im Maischbottich wieder zumaischen/zugeben. Rastmaische vor, während und nach Zumaischung rühren.

Erreichte Maischbottichtemperatur: etwa 50-53 °C (= Eiweißrast). Die Temperatur so halten bis die 2. Kochmaische wieder zugegeben/zugemaischt wird.

2. Kochmaische (dick): etwa ⅓ des Gesamten in Maischpfanne geben.

- Aufheizen auf 68 °C (20 Minuten Verzuckerungsrast),
- ansonsten Vorgang wie bei 1. Kochmaische unter c) und d) beschrieben.

Erreichte Maischbottichtemperatur: etwa 62-67 °C (= β-Amylase) – **Malzauszug nehmen.** Temperatur so halten bis 3. Kochmaische wieder zugemaischt wird.

Hinweis
Durch Ausdehnung der Kochzeit der 3. Kochmaische (Lautermaische) kann die im Maischbottich verbliebene Rastmaische einer längeren, bzw. einer gewünschten Verzuckerungsrast-Dauer unterzogen werden.

3. Kochmaische (lauter/wässrig): Maische (Treber) „absitzen“ lassen. Dann etwa 40-50 % des Gesamten in die Maischpfanne geben.

- schnell auf Kochtemperatur aufheizen
- dunkle Sude 15 Minuten kochen
- helle Sude 10 Minuten kochen
- Kochmaische, wie unter d) beschrieben, der Rastmaische wieder zumaischen/zugeben.

Erreichte Maischbottichtemperatur: etwa 75-77 °C (= Abmaischtemperatur)

- **Abmaischen**
- Jodprobe machen (eventuell Malzauszug zugeben)
- Läuterruhe (30 Minuten) einhalten, nochmals Jodprobe
- **Abläutern**

Zweimaischverfahren

Dieses Verfahren ist das gängigste und vom Dreimaischverfahren abgeleitet. Es wird vorrangig für helle Sude mit gut gelösten Malzen angewandt. Bei weniger gut gelösten Malzen und dunklen Suden werden die Koch- und Rastzeiten etwas erhöht.

Einmaischen bei 50 °C im Maischbottich und so 15 Minuten Rast halten. (Danach 1. Kochmaische ziehen).

Restmaische auf 50 °C halten bis 1. Kochmaische wieder zurückgemaischt wird.

1. Kochmaische (dick): etwa ½ des Gesamten in die Maischpfanne geben.

a) Aufheizen auf 70 °C (Verzuckerungsrast) bis Jodnormalität,
b) aufheizen auf Kochtemperatur (20 Minuten kochen),
c) Kochmaische der Rastmaische im Maischbottich zumaischen (Rastmaische vor, während und nach Zuführung/Zumaischung rühren).

Erreichte Maischbottichtemperatur: etwa 65 °C
(Beta-Amylase-Wirkung)
- **Malzauszug nehmen,**
  Die Temperatur halten bis die 2. Kochmaische wieder zugemaischt wird.

2. Kochmaische (dick): etwa ⅓ des Gesamten in Maischpfanne geben

Kochvorgang und Zumaischung wie unter a-c beschrieben

Erreichte Maischbottichtemperatur: etwa 75-78 °C
(= Abmaischtemperatur)

- **Abmaischen**
- Jodprobe machen (eventuell Malzauszug zugeben)
- Läuterruhe (30 Minuten) einhalten, nochmals Jodprobe
- **Abläutern**

Einmaischverfahren

Auch dieses Verfahren leitet sich vom Dreimaischverfahren ab, jedoch ist es letztlich eine Kombination aus Dekoktion und Infusion. Es gibt verschiedene Einmaischverfahren. Das nachfolgend beschriebene, die „Infusion vor dem Ziehen der Kochmaische", ist für den Heimbrauer wohl die geeignetste.

Einmaischen bei 35-37 °C in der Maischpfanne.

a) in etwa 20 Minuten auf 50 °C (Eiweißrast) aufheizen und 20-30 Minuten halten,
b) aufheizen auf 65 °C (Beta-Amylase) und 30 Minuten halten. Danach absitzen lassen und sicherheitshalber Malzauszug nehmen,
c) 50 % der Gesamtmaische als flüssige Lautermaische in den Maischbottich geben.

1. Kochmaische = die in der Maischpfanne verbliebene Dickmaische (½ des Ganzen) wird auf 68-72 °C (Alpha-Amylase) aufgeheizt und vollständig verzuckert.

- **Jodprobe(n) bis Jodnormalität**,
- danach aufheizen auf Kochtemperatur und 20-30 Minuten kochen,
- gekochte Dickmaische langsam der Flüssig-Rastmaische unter Rühren im Maischbottich zumaischen (zugeben).

Erreichte Maischbottichtemperatur: etwa 75-78 °C (= Abmaischtemperatur).

- **Abmaischen**
- Jodprobe machen (eventuell Malzauszug zugeben)
- 30 Minuten Läuterruhe einhalten, nochmals Jodprobe
- **Abläutern**

> ***Hinweis***
>
> ➪ Kochmaischen immer vorsichtig und langsam (innerhalb von etwa 10 Minuten) den Rastmaischen zumaischen/zugeben. Rastmaischen vor, während und nach dem Zumaischen rühren, da sonst die Enzyme unter Umständen verbrüht werden können.
>
> ➪ Malzauszug (nehmen und zugeben) ist im Prinzip nur dann anzuraten, wenn die Lösung des verwendeten Malzes zu wünschen übrig lässt, bzw. Jodnormalität nach dem Abmaischen nicht erreicht wird.
>
> ➪ Das grundsätzliche Rühren der Maischen (speziell bei höheren Temperaturen) nicht vernachlässigen (sonst Zufärbung und brenzliger Geschmack).

Berechnung der Kochmaischen (Menge in Liter)

Die in den zuvor beschriebenen Dekoktionsverfahren angegebenen Entnahmemengen für Kochmaischen sind Erfahrungswerte, die letztendlich „funktionieren". Um eine bestimmte (gewünschte), oder rezeptbedingte Rasttemperatur, nach und mit der Zumaischung einer Kochmaische zu erreichen, kann mit folgender Formel gerechnet werden.

ZT (Zieltemperatur) = zu erreichende (gewünschte) Rasttemperatur
AT (Ausgangstemperatur) = augenblickliche Maischtemperatur im Bottich
95 (Kochtemperatur in °C) = feste Größe
GM (Gesamtmaische) = Hauptguss (Liter) + Schüttung (kg)

Formel: $\frac{(ZT - AT)}{(95 - AT)} \times GM$

= Menge der zu ziehenden Kochmaische in Liter

Beispiel: 20 Liter (GM) sollen von 62 °C (Beta-Amylase) auf 72 °C (Alpha-Amylase) gebracht werden.

Lösung: $\frac{(72 - 62)}{(95 - 62)} \times 20 = \frac{10}{33} \times 20 =$ ca. 6 Liter Kochmaische

Brauvorgang Extraktverfahren

Nach Beschreibung der Maischverfahren soll hier nun das Extraktverfahren zu seinem Recht kommen. Der Malzextrakt wurde bereits erklärt (siehe Kapitel „Braustoffe"). Der „Vorteil" dieses Verfahrens liegt unübersehbar darin, dass der gesamte Brauvorgang (ohne eventuelle Maischfehler) bis zum Abläutern entfällt, was eine enorme Zeitersparnis beim Brauen bedeutet und gerade deswegen zum Ausprobieren und Experimentieren einlädt.

Durch den Extrahiervorgang bei der Extraktgewinnung muss ein geringer, geschmackstypischer Abstrich gegenüber dem gemaischten Bier gemacht werden, der jedoch teilweise durch Erfahrung und Zusatzstoffe zu kompensieren ist. Ansonsten gelten für dieses Verfahren die gleichen Voraussetzungen wie für das Maischverfahren. Das Extraktverfahren gliedert sich in 3 Varianten.

Fertigset-Verfahren (Brau-Kits)

Solche Fertigsets in Dosen, meist für 20 – 22 Liter Bier, bestehen aus gehopftem Malzextrakt, separater Trocken-Bierhefe, sowie Brauanleitung und sind zum Brauen eines bestimmten, vorgegebenen Bieres gedacht. Der Inhalt wird ohne große Umstände direkt in den Gäreimer geschüttet und die Dose zwecks Lösung und Ausspülung des zähflüssigen Restextraktes mit heißem Wasser befüllt, um diesen danach ebenfalls in den Gäreimer zu geben. Der Hausbrauer kann den gehopften Malzextrakt auch zuvor, wie beschrieben, in einen Topf füllen und mit 7-8 Liter Wasser 30-40 Minuten kochen, was die Würze sterilisiert und die spätere Klärung begünstigt. Nachdem sich die nun so oder so teilverdünnte und zwischenzeitlich klumpenfrei gerührte Würze im Gärbottich/Gäreimer befindet wird sie

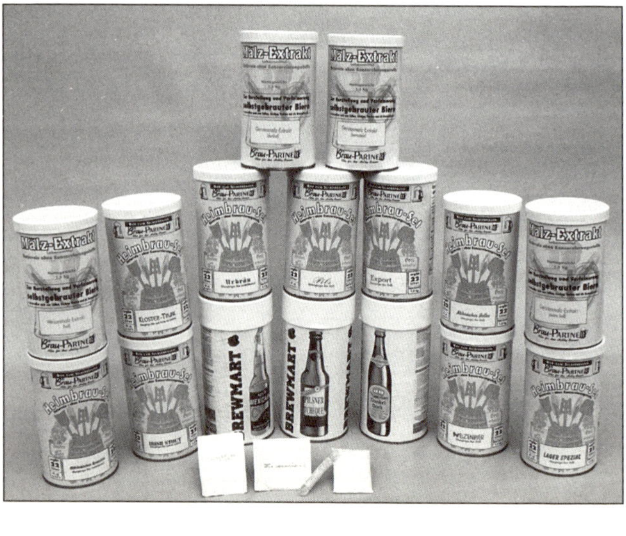

Verschiedene Brau-Kits (Fertig-Sets).

mit normalem Wasser aufgefüllt und auf Gärtemperatur (20-25 °C) abgekühlt. Nun wird die rehydrierte Trocken-Bierhefe eingerührt. Die weitere Vorgehensweise entspricht dem beschriebenen Infusions-Maischverfahren ab Punkt 15.

Beeinflussen kann man bei einem Fertig-Kit allenfalls den Hopfengeschmack durch Zugabe von ISO-Hopfen oder Hopfenöl, um diesen zu intensivieren. Will man den Hopfengeschmack reduzieren, gibt man 3-5 Liter mehr Wasser hinzu, muss dann allerdings durch Malzextrakt-/Zuckerzugabe die Stammwürze wieder einstellen.

Einfaches Extraktverfahren (ohne Kochen)

Die Schüttung kann bei dieser Variante nur aus Malzextrakten bestehen, also ohne jegliche Zusatzstoffe, da nicht gekocht wird. Dieses Verfahren ist das schnellste überhaupt und zugleich das einfachste. Ein oder mehrere Malzextrakte aus der Dose werden je nach Rezeptur oder Eigenkreation in den Brau- und Gärbottich gegeben, sowie auch der mit heißem Wasser verflüssigte Restextrakt der Dosen. Danach wird die Mischung klumpenfrei gerührt und es erfolgt das Auffüllen mit normal temperiertem Wasser bis das Gesamtvolumen erreicht ist. Nach Einstellen des Stammwürzegehaltes und der Gärtemperatur wird die rehydrierte Trocken-Bierhefe kräftig eingerührt. Erst nach Beendigung der Hauptgärung kommt bei dieser Methode der Hopfen ins Jungbier. Und zwar flüssiger Iso-Hopfen (1-3 Btl. à 25 mg pro 20 Liter Bieransatz), also isomerisierter Hopfen (siehe hierzu Kapitel „Hopfen"), der keinen Kochvorgang mehr benötigt. Dadurch erhält das Bier seine Bittere. Das Hopfenaroma, welches dem Hopfengeschmack das „gewisse Extra" verleiht, ist durch Zugabe von 5 mg (1%-igem) Hopfenöl (pro 20 Liter) zu erreichen. Die beiden Hopfengaben sind einzurühren. Die gehopfte Würze sollte nun noch einige Zeit (etwa 30-60 Minuten) ruhen, damit sich die Hefe wieder am Boden ablagern kann.

Danach wird geschlaucht und mit Punkt 20 gemäß „Brauvorgang in Schritten" (Infusions-Verfahren) weiter gemacht.

Klassisches Extraktverfahren (mit Kochen)

Dieses Verfahren kommt dem Maischverfahren vom Aufwand und Ergebnis am nächsten, obwohl auch hier der Brauvorgang erst mit dem Würze-/Hopfenkochen beginnt. Vor Braubeginn müssen Materialien und Utensilien, wie übrigens bei allen Braugängen, aufs sorgfältigste gereinigt werden. Die Schüttung (Malzextrakte und etwaige Zusatzstoffe) wie vorverkleistertes Getreide (siehe Kapitel „Ersatzstoffe"), welches durchaus positive Geschmacksnuancen einbringt, ist bereitzustellen.

Malzextrakt aus der Dose wird in den Gäreimer geschüttet.

Den Malzextrakt gibt man zusammen mit Hopfen und Wasser in den Brautopf. Der Restmalzextrakt in den Dosen wird, wie bereits beschrieben, mit heißem Wasser ausgespült, ebenfalls zugegeben und die gesamte Mischung klumpenfrei gerührt. Ein geeigneter Kochtopf (25-30 Liter) wird benötigt. Befinden sich die Zutaten im Kochtopf (Würzepfanne), beginnt das Aufheizen auf Kochtemperatur. Die eventuell verwendeten Zusatzstoffe, wie auch Caramalz, Farbmalz und verkleisterte Fruchtflocken, werden in Mousselin-Säckchen oder lose, der Würze bei ca. 40 °C zugegeben. Beim Nachbrauen von Rezepten werden die Hauptmalze (Pilsener, Wiener, Münchner) wie angegeben durch Malzextrakte ersetzt. Rauchmalz kann man nicht ersetzen. Alle anderen Schüttungsanteile, wie Zusatzstoffe, bleiben Bestandteil und werden in den Brauprozess einbezogen. Die Würze kocht wie auch beim Infusionsverfahren etwa 90 Minuten. Ansonsten erfolgt Fortsetzung des Brauganges gemäß den Schritten des beschriebenen Infusionsverfahrens ab Punkt 12 bzw. 13 (siehe „Brauvorgang in Schritten").

Gerätschaften für das Extraktverfahren

Prinzipiell werden für das Extraktverfahren die gleichen Brauutensilien wie bei der Infusion verwendet, nur in geringerem Umfang.

Genießen und Beurteilen

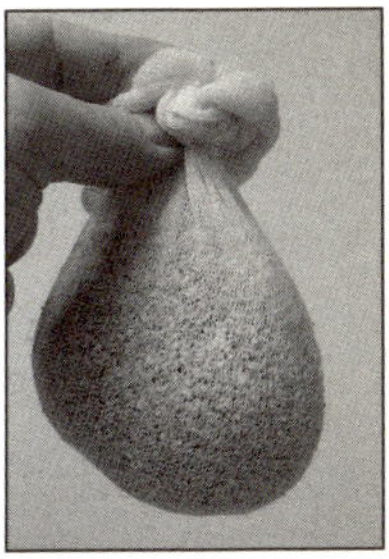

Zusatzstoffe, in Mousselinsäckchen abgefüllt, werden während des Kochens (bei 40 °C) der Würze beigegeben.

Nach einer gewissen Lagerzeit ist das Bier praktisch fertig, egal ob es nach dem Maisch- oder Extraktverfahren gebraut wurde. Bevor es genossen wird, noch etwas zu seiner Zusammensetzung. Ein Vollbier mit 12 % Stammwürzegehalt besteht aus etwa 4,5 % Extrakt (Kohlenhydrate, Eiweiß, Mineralstoffe, Vitamine), 5 % Alkohol-Vol., 0,5 % Kohlensäure und 90 % Wasser. Nach dieser Sachlichkeit gönnen wir uns nun ein Gläschen, wobei das Einschenken wegen des Bodentrubs vorsichtig erfolgen sollte, möchte man ein klares Bier im Glase haben. Im anderen Fall wäre es halt „hefetrüb“ oder „unfiltriert“ und somit auch wieder voll im Trend. Auf jeden Fall genießt der Hausbrauer sein Bier Schluck für Schluck, denn es hebt sich vor allen Dingen geschmacklich vom industriellen Einheitsbräu (mit Ausnahmen natürlich) ab.

Beurteilen kann man selbstgebraute Biere wie professionell hergestellte. Nämlich nach Schaumverhalten, Geruch, Antrunk (Vollmundigkeit / Aroma), Rezens (schal oder spritzig) und Nachtrunk (Hopfenaroma), wodurch man schließlich zu einem Gesamteindruck kommt. Dem Hausbrauer sei es überlassen, sich für die Beurteilung eine eigene Punkte-Tabelle zu konstruieren.

Braufehler – und was man dagegen tun kann

„Fehler sind dazu da, um sie zu machen“, sagt der Volksmund und meint damit wohl, dass trotz größter Vorsicht solche nicht grundsätzlich zu vermeiden sind. Auch der Hausbrauer wird bestimmt das eine oder andere mal mit auftretenden Braufehlern konfrontiert werden, wobei einige davon sicherlich zu beheben sind, während bei anderen kaum eine Chance dazu besteht. Nachfolgend sollen die vorrangig auftretenden Fehler behandelt werden.

1. Aufheizen beim Maischen oder Würzekochen geht zu langsam, bzw. gewünschte Temperatur wird nicht erreicht.

– Energiequelle überprüfen. Notfalls gegen eine mit größerer Leistung austauschen.

2. Maische brennt an (nicht bei Maischesack-Technik)

– Mehr und intensiver rühren.
– Überprüfen ob die Maische zu dickflüssig ist, also der Hauptguss zu gering war. Dann Wasser nachgießen, bzw. den Hauptguss erhöhen.

3. Rasttemperatur überschritten

– Topf vom Ofen nehmen, bzw. Energie nach unten. Notfalls kaltes Wasser zugeben.
Achtung: Über 80 °C Zerstörung der Enzyme. Sicherheitshalber mit „Malzauszug" arbeiten, auf dessen aktive Enzyme man notfalls zurückgreifen kann.

4. Jodnormalität stellt sich beim Maischen nicht ein.

– Maltoserast (Beta-Amylase) verlängern, bzw. Verzuckerungsrast (Alpha-Amylase) fortsetzen.
– Malzauszug beimischen (nach Abmaischen).
Die Zugabe eines Malzauszuges ist auch anzuwenden, wenn aufgrund eines zu hohen Anteils von dunklen Malzen die Enzyme zu knapp sind um eine ordentliche Verzuckerung zu gewährleisten.

5. Bier ist untypisch hell

– Dunkleres Malz(-Extrakt) verwenden, bzw. Farbmalz zugeben.

6. Bier ist untypisch dunkel

– Helleres Malz verwenden. Beim Maischen eventuell mehr rühren, damit das Malz wegen zu intensivem Bodenkontakt (anbrennen) nicht zufärbt.

7. Extrem langsamer Abläutervorgang

– Zu fein geschrotetes Malz verstopft das Läutersieb. Grober schroten.

- Auslauf überprüfen ob er verstopft ist. Gegebenenfalls säubern.

8. Vorderwürze hat zu wenig Extraktgehalt (deutlich unter 18 %)

- Rasten und Temperaturen genauer einhalten, damit die Malzumwandlung besser funktioniert.
- Malz etwas feiner schroten, dadurch ergibt sich eine bessere Vorverzuckerung.
- Hauptgussmenge war zu groß.

9. Stammwürzegehalt der Anstellwürze stimmt nicht

- Zu hoch: Mit zusätzlichem Wasser nach unten regulieren.
- Zu niedrig: Mit zusätzlichem Malzextrakt nach oben regulieren oder Pfannenvollwürze länger einkochen.

10. Bier klärt sich schlecht, bzw. zu langsam, oder zeigt Trübungen

- Länger lagern.
- Kälter nachgären (unter 5 °C).
- Weniger heiß anschwänzen, da über 80 °C heißes Wasser auch unverzuckerte Stärke aus den Trebern wäscht, die im Bier dann später Trübungen hervorrufen.
- Länger kochen (um Eiweißtrübungen zu verhindern).
- Stärker hopfen, höher vergären und möglichst ohne Luftberührung abfüllen (um Trübungen durch Infektionen zu vermeiden).

11. Zu wenig, bzw. zu viel Hopfenbittere und -aroma

- Würzekochen verlängern (erhöht Hopfenbittere).
- Hopfenqualität prüfen. Notfalls andere Sorte verwenden.
- Hopfengabe erhöhen, bzw. verringern.
- länger lagern (vermindert Hopfenbittere).

12. Hefe kommt nicht in der Würze an

- Neue Hefe verwenden (Trockenhefe rehydrieren).
- Gärtemperatur überprüfen.
- Würze durch Rühren gut belüften (braucht Sauerstoff).
- Maltoserast nicht höher als 65 °C, sonst entstehen zu wenig vergärbare Zucker.

Die Braufehler-Tipps beziehen sich auf das Maischverfahren, jedoch in wesentlichen Punkten natürlich auch auf das Extraktverfahren.

Tipp

Wenn sich Essigbakterien eingeschlichen haben – **Herstellung von Bier-Essig:** *Würze/Bier völlig (bei 20-25 °C) ausgären lassen. Das kann einige Zeit (Wochen) dauern. Eine dünne, weiße Haut (Kahmhaut) bildet sich. Der Essig ist fertig, wenn sich diese nach unten absetzt, bzw. die Bakterien den Alkohol vollständig in Essig umgewandelt haben. Man kann dies auch durch Probieren feststellen (Essig wird schärfer). Während der Entstehungsphase den Bieressig stets in einem Gäreimer mit Auslaufhahn aufbewahren, der mit einem Deckel lose abgedeckt ist. Danach Bier-Essig rein (notfalls filtrieren) auf Flaschen abziehen, luftdicht verschließen und im Keller lagern und reifen lassen. Gehopfter Bieressig ist eine echte Spezialität und kaum noch zu bekommen.*

– Sud eventuell filtern, nochmals aufkochen und mit frischer Hefe erneut anstellen.

13. Zu viel Druck (Kohlensäure) bei der Nachgärung

– Zu früh geschlaucht. Öftere Druckkontrolle (bei Bügelverschlussflaschen) bis das Problem nachlässt.
– Kühler lagern.

14. Zu wenig Druck (Kohlensäure) bei der Nachgärung

– Zu spät geschlaucht. Beheben durch Zucker-, bzw. Malzzugabe, damit die Nachgärung in Schwung kommt.

15. Zu wenig Schaumbildung, bzw. rascher Verfall

– Überprüfen ob die Behältnisse (Flaschen, Fässer etc.) dicht sind.
– Schlauchen mit geringstem Kohlensäureverlust (Abfüllrohr/-schlauch bis zum Boden).
– Bei niedrigerer Temperatur nachgären.
– Eiweißrast kürzen (für bessere Schaumqualität), bzw. stärker hopfen, klarer abläutern.
– Trub besser ausfiltern, niedriger vergären oder bei höherer Temperatur einmaischen.

16. Vollmundigkeit des Bieres lässt zu wünschen übrig

– Schüttung erhöhen.
– Stärker hopfen.
– Eiweißrast verlängern.
– Caramalz-Zugabe erwägen.
– Alpha-Amylase verlängern.

17. Das fertige Bier ist zu süß

– Maltoserast verlängern.
– Bei niedrigerer Temperatur nachgären.
– Kompletten Sud zurück in den Braueimer, Malz oder Zucker zusetzen und mit Hefe erneut vergären („Aufkräusen“) und wieder zum richtigen Zeitpunkt abfüllen.

18. Würze bzw. Jungbier riecht und schmeckt essigsauer

– Essigbakterien haben sich eingeschlichen: Würze/Bier wegkippen oder Bieressig daraus machen (siehe Tipp).

Bier-Rezepte aus aller Welt

Beliebtes, Bekanntes und Außergewöhnliches

Neben Rezepten für gängige und bekannte Biere, beinhalten die nächsten Seiten auch solche für außergewöhnliche, seltene und traditionelle Biere des Auslands.

Der Hausbrauer hat freilich die Möglichkeit diese durch Abänderungen zu individualisieren, um dadurch ein ganz neues, eigenes Bier zu kreieren. Es sind ihm diesbezüglich also keine Grenzen gesetzt. **Die Maischrezepte basieren alle auf dem Infusionsverfahren,** wobei bei diesen zu beachten ist, dass nicht immer und grundsätzlich nach dem 3-stufigen Verfahren gebraut wird, sondern rezeptbedingt auch 1- und 2-stufige Methoden angewendet werden. Beim individuellen Brauen sollte man aber sicherheitshalber doch auf das beschriebene 3-stufige Verfahren zurückgreifen. Die Angaben der Rezepte sind knapp gehalten, beinhalten aber alle notwendigen Daten um ein Bier annäherungsweise nachzubrauen. Details für den Brauvorgang und des speziell angewendeten Verfahrens sind den jeweiligen Kapiteln zu entnehmen. Auch sind für die einzelnen Biere Abfüllzeitpunkte (bei % Stammwürze) angegeben, jedoch sollten diese nur als Richtwerte anzusehen sein, da mehrere Faktoren vor Ort mitspielen, die diese Angaben verändern können. Deshalb sei dem Haus- und Hobbybrauer auf jeden Fall empfohlen eine Schnellvergärungsprobe durchzuführen, zumindest beim ersten Braugang, um exaktere Werte diesbezüglich zu erhalten.

Wenn die Rezeptur auch für Extraktbrauweise angegeben ist, gilt grundsätzlich das **„Klassische Extraktverfahren"**. Dessen detaillierte Beschreibung ist im Kapitel „Weitere Brauverfahren" nachzulesen. Hier werden lediglich die zuvor im Infusions-Rezept angegebenen Hauptmalze (Pilsner-, Wiener-, Münchner-) durch Malzextrakte ersetzt. Zusatzstoffe, wie Caramalz, Farbmalz, Zucker, verkleisterte Fruchtflocken und eventuell Laktose bleiben

Hinweis
Alle Rezepte beziehen sich auf 20 Liter fertiges Bier. Die Angaben bezüglich Stammwürze, Hopfenbittere, Bierfarben und Alkoholgehalte entsprechen den Originalbieren. Durch Aufbereitung der Rezepte (zum problemlosen Nachbrauen für den Hausbrauer), wurden daraus „Ca.-Werte".

weiterhin Rezeptbestandteil und sind gemäß Beschreibung mitzukochen.

Versucht sich ein Hausbrauer im **Dekoktionsverfahren,** so gilt für ihn selbstverständlich auch der Ablauf des Brau-Protokolls. Lediglich den Protokoll-Absatz „Maischverfahren" muss er umstellen, indem er die einzelnen Kochmaischen berechnet und das Verfahren (Drei-, Zwei- oder Einmaischverfahren) festlegt (siehe hierzu „Weitere Brauverfahren/Dekoktionsverfahren").

Hinweis für Dekoktionsbrauer

1. 3-stufige Infusionsrezepte = Dreimaischverfahren

a) Einmaischen bei 35-38 °C (oder nach Rezept) und Temperatur halten.
b) Dann 3 Kochmaischen ziehen (siehe Dekoktionsverfahren).

☞ ***Empfehlung:***
3-stufige Infusionsrezepte gleich als „Zweimaischverfahren" brauen. Das heißt, vorgegebene Einmaisch-Temperaturen ignorieren und grundsätzlich bei 50 °C einmaischen.

2. 2-stufige Infusionsrezepte = Zweimaischverfahren

a) Einmaischen bei 50 °C und Temperatur halten.
b) Dann 2 Kochmaischen ziehen (siehe Dekoktionsverfahren).

3. 1-stufige Infusionsrezepte = Einmaischverfahren

a) Vorgang gemäß Beschreibung „Einmaischverfahren".

Wichtig!
Die in den Infusions-Rezepten angegebenen Zeitspannen der Rastzeiten sind hier nicht zu beachten. Beim Dekoktionsverfahren ergeben sich diese (als Maischbottich-Rastzeiten) automatisch. Sie entsprechen der jeweiligen Kochmaische-Dauer vom „Ziehen" bis zum „Zumaischen".

Österreichisches Weizenbier

obergärig
Stammwürze: 12,5 %
Hopfenbittere: 20 EBU
Bierfarbe: 9 EBC
Alkohol: 5,0 Vol.-%
Abfüllzeitpunkt: 3,5 %

1-stufiges Infusionsmaischverfahren

3000 g Pilsener Malz
1600 g Weizenmalz hell
35 g Aromahopfen (7,5 % α)
in 2 Zugaben:
30 g nach Kochbeginn,
5 g vor Kochende

- Einmaischen: bei 40 °C und so 25 Min. halten.
- 1. Rast: 90 Minuten bei 66 °C
- Abmaischen bei 76 °C
- Kochzeit: 90 Minuten

***Extraktbrauweise** (mit Kochen)*
– siehe Beschreibung –
2000 g Gerstenmalzextrakt hell
1100 g Weizenmalzextrakt hell
100 g Gerstenflocken

Bayerisches Weizenbier

obergärig	3000 g Weizenmalz hell
Stammwürze: 13,4 %	850 g Pilsener Malz
Hopfenbittere: 14 EBU	1100 g Wiener Malz
Bierfarbe: 20 EBC	350 g Caramalz Pils
Alkohol: 5,5 Vol.-%	15 g Farbmalz
Abfüllzeitpunkt: 3,5 %	30 g Aromahopfen (7,5 % α) in 2 Zugaben: 20 g nach Kochbeginn, 10 g vor Kochende
3-stufiges Infusionsmaischverfahren	

***Extraktbrauweise** (mit Kochen)*
– siehe Beschreibung –
2000 g Weizenmalzextrakt hell
1000 g Gerstenmalzextrakt extrahell
200 g Gerstenflocken

- ► Einmaischen: bei 40 °C
- ► 1. Rast: 20 Minuten bei 50 °C
- ► 2. Rast: 60 Minuten bei 65 °C
- ► 3. Rast: 10 Minuten bei 73 °C
- ► Abmaischen bei 76 °C
- ► Kochzeit: 90 Minuten

Bamberger Rauchbier

obergärig	4800 g Rauchmalz
Stammwürze: 13,4 %	100 g Farbmalz
Hopfenbittere: 30 EBU	42 g Aromahopfen (7,5 % α) in einer Zugabe 10 Minuten nach Kochbeginn
Bierfarbe: 52 EBC	
Alkohol: 5,3 Vol.-%	
Abfüllzeitpunkt: 3,7 %	
3-stufiges Infusionsmaischverfahren	

- ► Einmaischen: bei 40 °C
- ► 1. Rast: 20 Minuten bei 50 °C
- ► 2. Rast: 60 Minuten bei 65 °C
- ► 3. Rast: 10 Minuten bei 73 °C
- ► Abmaischen bei 76 °C
- ► Kochzeit: 90 Minuten

Bayerischer Weizendoppelbock

obergärig
Stammwürze: 18,5 %
Hopfenbittere: 22 EBU
Bierfarbe: 52 EBC
Alkohol: 5,3 Vol.-%
Abfüllzeitpunkt: 4,8 %

3-stufiges Infusionsmaischverfahren

4300 g Weizenmalz hell
1050 g Münchner Malz
1000 g Pilsener Malz
800 g Caramalz Pils
30 g Farbmalz
40 g Aromahopfen (7,5 % α) in 2 Zugaben: 30 g nach Kochbeginn, 10 g vor Kochende

***Extraktbrauweise** (mit Kochen)*
– siehe Beschreibung –
2800 g Weizenmalzextrakt hell
700 g Gerstenmalzextrakt bernstein
650 g Gerstenmalzextrakt hell
100 g Maisflocken
100 g Gerstenflocken

- ► Einmaischen: bei 35 °C
- ► 1. Rast: 20 Minuten bei 50 °C
- ► 2. Rast: 60 Minuten bei 65 °C
- ► 3. Rast: 10 Minuten bei 73 °C
- ► Abmaischen bei 76 °C
- ► Kochzeit: 90 Minuten

Weizenbräu hell

obergärig
Stammwürze: 12,4 %
Hopfenbittere: 18 EBU
Bierfarbe: 6 EBC
Alkohol: 5,0 Vol.-%
Abfüllzeitpunkt: 3,4 %

3-stufiges Infusionsmaischverfahren

2750 g Pilsener Malz
1800 g Weizenmalz hell
25 g Aromahopfen (7,5 % α) in einer Zugabe 10 Minuten nach Kochbeginn

- ► Einmaischen: bei 40 °C
- ► 1. Rast: 30 Minuten bei 50 °C
- ► 2. Rast: 70 Minuten bei 66 °C
- ► Abmaischen bei 76 °C
- ► Kochzeit: 90 Minuten

***Extraktbrauweise** (mit Kochen)*
– siehe Beschreibung –
1900 g Gerstenmalzextrakt extrahell
1200 g Weizenmalzextrakt
150 g Haferflocken

Hefeweizen

obergärig
Stammwürze: 12,2 %
Hopfenbittere: 18 EBU
Bierfarbe: 9 EBC
Alkohol: 5,0 Vol.-%
Abfüllzeitpunkt: 3,5 %

2-stufiges Infusionsmaischverfahren

1900 g Wiener Malz
2700 g Weizenmalz hell
25 g Aromahopfen (7,5 % α) in einer Zugabe 10 Minuten nach Kochbeginn

- ► Einmaischen: bei 35 °C
- ► 1. Rast: 30 Minuten bei 50 °C
- ► 2. Rast: 70 Minuten bei 66 °C
- ► Abmaischen bei 76 °C
- ► Kochzeit: 90 Minuten

***Extraktbrauweise** (mit Kochen)*
– siehe Beschreibung –
1700 g Weizenmalzextrakt hell
1300 g Gerstenmalzextrakt extrahell
100 g Gerstenmalzextrakt bernstein
150 g Haferflocken
100 g Gerstenflocken

Berliner Weiße

obergärig
Stammwürze: 7,5 %
Hopfenbittere: 8 EBU
Bierfarbe: 5 EBC
Alkohol: 3,0 Vol.-%
Abfüllzeitpunkt: 2,3 %

1-stufiges Infusionsmaischverfahren

2000 g Wiener Malz
800 g Weizenmalz hell
20 g Bitterhopfen (7,6 % α) in einer Zugabe 10 Minuten nach Kochbeginn

- ► Einmaischen: bei 40 °C und so 25 Minuten halten.
- ► 1. Rast: 90 Minuten bei 66 °C
- ► Abmaischen bei 76 °C
- ► Kochzeit: 15 Minuten

***Extraktbauweise** (mit Kochen)*
– siehe Beschreibung –
1300 g Gerstenmalzextrakt extrahell
500 g Weizenmalzextrakt hell
30 g Gerstenmalzextrakt bernstein

Bayerisches Hefeweißbier

obergärig
Stammwürze: 12,5 %
Hopfenbittere: 18 EBU
Bierfarbe: 9 EBC
Alkohol: 5,2 Vol.-%
Abfüllzeitpunkt: 3,5 %

1-stufiges Infusionsmaischverfahren

2600 g Weizenmalz hell
2100 g Wiener Malz
44 g Aromahopfen (5,0 % α) in 3 Zugaben:
26 g nach Kochbeginn,
10 g bei Kochzeitmitte,
8 g vor Kochende

- ► Einmaischen: bei 35 °C und so 15 Minuten halten.
- ► 1. Rast: 90 Minuten bei 66 °C
- ► Abmaischen bei 76 °C
- ► Kochzeit: 90 Minuten

***Extraktbrauweise** (mit Kochen)*
– siehe Beschreibung –
1700 g Weizenmalzextrakt hell
1300 g Gerstenmalzextrakt extrahell
100 g Gerstenmalzextrakt bernstein
100 g Gerstenflocken

Weißbier Ayinger Art

obergärig
Stammwürze: 12,0 %
Hopfenbittere: 15 EBU
Bierfarbe: 8 EBC
Alkohol: 5,0 Vol.-%
Abfüllzeitpunkt: 3,4 %

1-stufiges Infusionsmaischverfahren

2500 g Wiener Malz
2000 g Weizenmalz hell
26 g Aromahopfen (7,5 % α) in einer Zugabe 10 Minuten nach Kochbeginn

- ► Einmaischen: bei 38 °C und so 25 Minuten halten.
- ► 1. Rast: 90 Minuten bei 65 °C
- ► Abmaischen bei 76 °C
- ► Kochzeit: 90 Minuten

***Extraktbrauweise** (mit Kochen)*
– siehe Beschreibung –
1000 g Gerstenmalzextrakt extrahell
700 g Gerstenmalzextrakt bernstein
1300 g Weizenmalzextrakt hell

Oktoberfest-Bier

untergärig
Stammwürze: 13,5%
Hopfenbittere: 22 EBU
Bierfarbe: 32 EBC
Alkohol: 5,5 Vol.-%
Abfüllzeitpunkt: 3,6%

2-stufiges Infusionsmaischverfahren

2600 g Wiener Malz
2100 g Münchner Malz
50 g Farbmalz
200 g Caramalz Pils
42 g Aromahopfen (7,5% α) in 2 Zugaben:
28 g nach Kochbeginn
14 g vor Kochende

- ▶ Einmaischen: bei 40 °C
- ▶ 1. Rast: 30 Minuten bei 50 °C
- ▶ 2. Rast: 70 Minuten bei 66 °C
- ▶ Abmaischen bei 76 °C
- ▶ Kochzeit: 90 Minuten

***Extraktbrauweise** (mit Kochen)*
– siehe Beschreibung –
3500 g Gerstenmalzextrakt bernstein
200 g Maisflocken

Bayerisches Lagerbier dunkel

untergärig
Stammwürze: 13,5%
Hopfenbittere: 25 EBU
Bierfarbe: 75 EBC
Alkohol: 5,5 Vol.-%
Abfüllzeitpunkt: 3,9%

3-stufiges Infusionsmaischverfahren

4800 g Wiener Malz
160 g Farbmalz
45 g Aromahopfen (7,5% α) in 2 Zugaben:
35 g nach Kochbeginn,
10 g vor Kochende

- ▶ Einmaischen: 20 Min. bei 52 °C
- ▶ 1. Rast: 30 Minuten bei 60 °C
- ▶ 2. Rast: 30 Minuten bei 65 °C
- ▶ 3. Rast: 15 Minuten bei 72 °C
- ▶ Abmaischen bei 76 °C
- ▶ Kochzeit: 90 Minuten

***Extraktbrauweise** (mit Kochen)*
– siehe Beschreibung
2000 g Gerstenmalzextrakt dunkel
1200 g Gerstenmalzextrakt bernstein
(Farbmalz entfällt)
150 g Maisflocken
100 g Haferflocken

Dunkler Doppelbock

untergärig
Stammwürze: 17,5 %
Hopfenbittere: 30 EBU
Bierfarbe: 60 EBC
Alkohol: 7,5 Vol.-%
Abfüllzeitpunkt: 4,5 %

2-stufiges Infusionsmaischverfahren

***Extraktbrauweise** (mit Kochen)*
– siehe Beschreibung –
2900 g Gerstenmalzextrakt bernstein
1100 g Gerstenmalzextrakt dunkel
300 g Maisflocken

5900 g Münchner Malz
600 g Caramalz dunkel
50 g Farbmalz
45 g Aromahopfen (7,5 % α) in einer Zugabe 10 Minuten nach Kochbeginn

- Einmaischen: bei 35 °C
- 1. Rast: 30 Minuten bei 50 °C
- 2. Rast: 70 Minuten bei 66 °C
- Abmaischen bei 76 °C
- Kochzeit: 90 Minuten

Dunkler Doppelbock nach Kulminator Art

untergärig
Stammwürze: 18,5 %
Hopfenbittere: 24 EBU
Bierfarbe: 65 EBC
Alkohol: 8,0 Vol.-%
Abfüllzeitpunkt: 4,9 %

2-stufiges Infusionsmaischverfahren

***Extraktbrauweise** (mit Kochen)*
– siehe Beschreibung –
2500 g Gerstenmalzextrakt dunkel
2000 g Gerstenmalzextrakt bernstein
Caramalz hell/Pils ab 40 °C mitkochen, (Farbmalz entfällt)
400 g Maisflocken
100 g Gerstenflocken

6400 g Münchner Malz
150 g Farbmalz
550 g Caramalz hell/Pils
32 g Bitterhopfen (7,6 % α) in einer Zugabe 10 Minuten nach Kochbeginn

- Einmaischen: bei 40 °C
- 1. Rast: 30 Minuten bei 50 °C
- 2. Rast: 70 Minuten bei 66 °C
- Abmaischen bei 76 °C
- Kochzeit: 90 Minuten

Oktoberfest-Märzen

untergärig
Stammwürze: 13,5 %
Hopfenbittere: 25 EBU
Bierfarbe: 25 EBC
Alkohol: 5,6 Vol.-%
Abfüllzeitpunkt: 3,7 %

2-stufiges Infusionsmaischverfahren

***Extraktbrauweise** (mit Kochen)*
– siehe Beschreibung –
3200 g Gerstenmalzextrakt bernstein
Farbmalz entfällt
100 g Maisflocken
100 g Gerstenflocken

2500 g Pilsener Malz
2400 g Münchner Malz
30 g Farbmalz
35 g Aromahopfen (6,0 % α) in 2 Zugaben:
15 g nach Kochbeginn,
20 g vor Kochende

- ► Einmaischen: bei 35 °C
- ► 1. Rast: 30 Minuten bei 50 °C
- ► 2. Rast: 70 Minuten bei 66 °C
- ► Abmaischen bei 76 °C
- ► Kochzeit: 90 Minuten

Dunkles Bockbier

untergärig
Stammwürze: 16,3 %
Hopfenbittere: 38 EBU
Bierfarbe: 40 EBC
Alkohol: 6,9 Vol.-%
Abfüllzeitpunkt: 4,3 %

3-stufiges Infusionsmaischverfahren

***Extraktbrauweise** (mit Kochen)*
– siehe Beschreibung –
3500 g Gerstenmalzextrakt bernstein
Farbmalz entfällt
1000 g Gerstenmalzextrakt dunkel
200 g Maisflocken

5800 g Münchner Malz
200 g Caramalz hell/Pils
40 g Farbmalz
60 g Bitterhopfen (7,0 % α) in 2 Zugaben:
20 g nach Kochbeginn,
40 g vor Kochende

- ► Einmaischen: bei 38°C
- ► 1. Rast: 30 Minuten bei 50 °C
- ► 2. Rast: 60 Minuten bei 65 °C
- ► 3. Rast: 15 Minuten bei 72 °C
- ► Abmaischen bei 76 °C
- ► Kochzeit: 90 Minuten

Maibock

untergärig
Stammwürze: 16,4 %
Hopfenbittere: 36 EBU
Bierfarbe: 25 EBC
Alkohol: 6,9 Vol.-%
Abfüllzeitpunkt: 4,3 %

3-stufiges Infusionsmaischverfahren

3700 g	Pilsener Malz
2300 g	Münchner Malz
50 g	Farbmalz
30 g	Bitterhopfen (7,6% α)
25 g	Aromahopfen (7,5% α) in 2 Zugaben: Bitter nach Kochbeginn, Aroma vor Kochende

- ► Einmaischen: bei 40°C
- ► 1. Rast: 30 Minuten bei 50 °C
- ► 2. Rast: 60 Minuten bei 65 °C
- ► 3. Rast: 15 Minuten bei 72 °C
- ► Abmaischen bei 76 °C
- ► Kochzeit: 90 Minuten

***Extraktbrauweise** (mit Kochen)*
– siehe Beschreibung –
3400 g Gerstenmalzextrakt extrahell
600 g Gerstenmalzextrakt bernstein
Farbmalz entfällt
300 g Gerstenmalzextrakt dunkel

Pilsener nach Urquell Art

untergärig
Stammwürze: 12 %
Hopfenbittere: 40 EBU
Bierfarbe: 6 EBC
Alkohol: 5,0 Vol.-%
Abfüllzeitpunkt: 3,3 %

3-stufiges Infusionsmaischverfahren

4500 g	Pilsener Malz
210 g	Caramalz Pils
100 g	Aromahopfen (5,5% α) in 3 Zugaben: 60 g nach Kochbeginn, 30 g bei Kochzeit-Mitte 10 g vor Kochende

- ► Einmaischen: 20 Min. bei 50°C
- ► 1. Rast: 20 Minuten bei 60 °C
- ► 2. Rast: 30 Minuten bei 65 °C
- ► 3. Rast: 20 Minuten bei 70 °C
- ► Abmaischen bei 76 °C
- ► Kochzeit: 150 Minuten

***Extraktbrauweise** (mit Kochen)*
– siehe Beschreibung –
3200 g Gerstenmalzextrakt extrahell

Norddeutsches Pils

untergärig
Stammwürze: 11,5 %
Hopfenbittere: 44 EBU
Bierfarbe: 12 EBC
Alkohol: 4,8 Vol.-%
Abfüllzeitpunkt: 3,2 %

1-stufiges Infusionsmaischverfahren

Extraktbrauweise *(mit Kochen)*
– siehe Beschreibung –
2000 g Gerstenmalzextrakt extrahell
1000 g Gerstenmalzextrakt bernstein

3900 g Wiener Malz
390 g Caramalz hell/Pils
85 g Aromahopfen (6,0% α)
in 2 Zugaben:
65 g nach Kochbeginn,
20 g vor Kochende

- Einmaischen: bei 40 °C und so 30 Min. halten
- 1. Rast: 90 Minuten bei 66 °C
- Abmaischen bei 76 °C
- Kochzeit: 90 Minuten

Export hell

untergärig
Stammwürze: 12,7 %
Hopfenbittere: 24 EBU
Bierfarbe: 11 EBC
Alkohol: 5,3 Vol.-%
Abfüllzeitpunkt: 3,5 %

3-stufiges Infusionsmaischverfahren

Extraktbrauweise *(mit Kochen)*
– siehe Beschreibung –
2800 g Gerstenmalzextrakt extrahell
400 g Gerstenmalzextrakt bernstein

4400 g Wiener Malz
240 g Caramalz hell/Pils
12 g Bitterhopfen (7,6% α),
30 g Aromahopfen (6,0% α)
in einer Zugabe 10 Minuten nach Kochbeginn

- Einmaischen: bei 40°C
- 1. Rast: 30 Minuten bei 50 °C
- 2. Rast: 40 Minuten bei 62 °C
- 3. Rast: 40 Minuten bei 72 °C
- Abmaischen bei 76 °C
- Kochzeit: 90 Minuten

Münchner helles Lager

untergärig
Stammwürze: 11,5 %
Hopfenbittere: 20 EBU
Bierfarbe: 4 EBC
Alkohol: 4,7 Vol.-%
Abfüllzeitpunkt: 3,3 %

2-stufiges Infusionsmaischverfahren

***Extraktbrauweise** (mit Kochen)*
– siehe Beschreibung –
3000 g Gerstenmalzextrakt extrahell
100 g Haferflocken

4100 g Pilsener Malz
42 g Aromahopfen (6,0% α) in einer Zugabe 10 Minuten nach Kochbeginn

- ► Einmaischen: bei 40°C
- ► 1. Rast: 30 Minuten bei 50 °C
- ► 2. Rast: 70 Minuten bei 66 °C
- ► Abmaischen bei 76 °C
- ► Kochzeit: 90 Minuten

Export Edelhell

untergärig
Stammwürze: 12,9 %
Hopfenbittere: 24 EBU
Bierfarbe: 4 EBC
Alkohol: 5,3 Vol.-%
Abfüllzeitpunkt: 3,5 %

2-stufiges Infusionsmaischverfahren

***Extraktbrauweise** (mit Kochen)*
– siehe Beschreibung –
3200 g Gerstenmalzextrakt extrahell

4600 g Pilsener Malz
50 g Aromahopfen (6,0% α) in einer Zugabe 10 Minuten nach Kochbeginn

- ► Einmaischen: bei 38°C
- ► 1. Rast: 30 Minuten bei 50 °C
- ► 2. Rast: 70 Minuten bei 66 °C
- ► Abmaischen bei 76 °C
- ► Kochzeit: 90 Minuten

Helles Bockbier nach Einbecker Art

untergärig
Stammwürze: 16,4 %
Hopfenbittere: 38 EBU
Bierfarbe: 15 EBC
Alkohol: 6,9 Vol.-%
Abfüllzeitpunkt: 4,3 %

3-stufiges Infusionsmaischverfahren

Extraktbrauweise *(mit Kochen)*
– siehe Beschreibung –
4000 g Gerstenmalzextrakt extrahell
100 g Gerstenflocken

5700 g Pilsener Malz
300 g Caramalz hell/Pils
30 g Farbmalz
50 g Aromahopfen (6,3 % α) in einer Zugabe 10 Minuten nach Kochbeginn

- ▶ Einmaischen: bei 40°C
- ▶ 1. Rast: 30 Minuten bei 50 °C
- ▶ 2. Rast: 70 Minuten bei 65 °C
- ▶ 3. Rast: 10 Minuten bei 76 °C
- ▶ Abmaischen bei 76 °C
- ▶ Kochzeit: 90 Minuten

Dortmunder Export

untergärig
Stammwürze: 11,8 %
Hopfenbittere: 30 EBU
Bierfarbe: 11 EBC
Alkohol: 4,9 Vol.-%
Abfüllzeitpunkt: 4,1 %

2-stufiges Infusionsmaischverfahren

Extraktbrauweise *(mit Kochen)*
– siehe Beschreibung –
2100 g Gerstenmalzextrakt extrahell
900 g Gerstenmalzextrakt bernstein
100 g Gerstenflocken

3100 g Pilsener Malz
1200 g Münchner Malz
40 g Bitterhopfen (7,6 % α) in einer Zugabe 10 Minuten nach Kochbeginn

- ▶ Einmaischen: bei 40°C
- ▶ 1. Rast: 25 Minuten bei 52 °C
- ▶ 2. Rast: 70 Minuten bei 66 °C
- ▶ Abmaischen bei 76 °C
- ▶ Kochzeit: 90 Minuten

Pils nach Bitburger Art

untergärig
Stammwürze: 11,5 %
Hopfenbittere: 38 EBU
Bierfarbe: 4 EBC
Alkohol: 4,8 Vol.-%
Abfüllzeitpunkt: 3,2 %

3-stufiges Infusionsmaischverfahren

***Extraktbrauweise** (mit Kochen)*
– siehe Beschreibung –
3000 g Gerstenmalzextrakt extrahell
100 g Gerstenflocken

3900 g Pilsener Malz
50 g Bitterhopfen (7,6 % α)
32 g Aromahopfen (5,0 % α)
in 3 Zugaben:
Bitter nach Kochbeginn
20 g Aroma zur Mitte
12 g Aroma vor Kochende

- ► Einmaischen: bei 38°C
- ► 1. Rast: 20 Minuten bei 52 °C
- ► 2. Rast: 50 Minuten bei 63 °C
- ► 3. Rast: 15 Minuten bei 72 °C
- ► Abmaischen bei 76 °C
- ► Kochzeit: 90 Minuten

Jahrhundertbier

untergärig
Stammwürze: 13,0 %
Hopfenbittere: 25 EBU
Bierfarbe: 4 EBC
Alkohol: 5,4 Vol.-%
Abfüllzeitpunkt: 3,5 %

2-stufiges Infusionsmaischverfahren

***Extraktbrauweise** (mit Kochen)*
– siehe Beschreibung –
3300 g Gerstenmalzextrakt extrahell
150 g Gerstenflocken
50 g Maisflocken

4800 g Pilsener Malz
45 g Aromahopfen (6,0 % α)
in einer Zugabe 10 Minuten nach Kochbeginn

- ► Einmaischen: bei 40 °C
- ► 1. Rast: 20 Minuten bei 50 °C
- ► 2. Rast: 70 Minuten bei 65 °C
- ► Abmaischen bei 76 °C
- ► Kochzeit: 90 Minuten

Altbier nach Düsseldorfer Art

obergärig
Stammwürze: 12,0 %
Hopfenbittere: 48 EBU
Bierfarbe: 45 EBC
Alkohol: 4,9 Vol.-%
Abfüllzeitpunkt: 3,3 %

2-stufiges Infusionsmaischverfahren

***Extraktbrauweise** (mit Kochen)*
– siehe Beschreibung –
800 g Gerstenmalzextrakt extrahell
2400 g Gerstenmalzextrakt bernstein
100 g Maisflocken
50 g Gerstenflocken

2800 g Münchner Malz
1600 g Wiener Malz
30 g Farbmalz
90 g Aromahopfen (5,5 % α) in einer Zugabe 10 Minuten nach Kochbeginn

- ► Einmaischen: bei 38 °C
- ► 1. Rast: 30 Minuten bei 50 °C
- ► 2. Rast: 70 Minuten bei 66 °C
- ► Abmaischen bei 76 °C
- ► Kochzeit: 90 Minuten

Kölsch

obergärig
Stammwürze: 11,9 %
Hopfenbittere: 28 EBU
Bierfarbe: 5 EBC
Alkohol: 4,9 Vol.-%
Abfüllzeitpunkt: 3,3 %

2-stufiges Infusionsmaischverfahren

***Extraktbrauweise** (mit Kochen)*
– siehe Beschreibung –
2700 g Gerstenmalzextrakt extrahell
400 g Weizenmalzextrakt hell
100 g Maisflocken

3700 g Pilsener Malz
650 g Weizenmalz hell
40 g Aromahopfen (7,5 % α) in einer Zugabe 10 Minuten nach Kochbeginn

- ► Einmaischen: bei 40 °C
- ► 1. Rast: 30 Minuten bei 50 °C
- ► 2. Rast: 60 Minuten bei 66 °C
- ► Abmaischen bei 76 °C
- ► Kochzeit: 90 Minuten

Altdeutsches Helles

obergärig
Stammwürze: 11,8 %
Hopfenbittere: 20 EBU
Bierfarbe: 8 EBC
Alkohol: 4,8 Vol.-%
Abfüllzeitpunkt: 3,4 %

3-stufiges Infusionsmaischverfahren

Extraktbrauweise *(mit Kochen)*
– siehe Beschreibung –
2700 g Gerstenmalzextrakt extrahell
300 g Gerstenmalzextrakt bernstein

3000 g Pilsener Malz
800 g Wiener Malz
200 g Münchner Malz
30 g Aromahopfen (6,5 % α) in 2 Zugaben:
20 g nach Kocbeginn,
10 g vor Kochende

- ► Einmaischen: bei 35 °C
- ► 1. Rast: 25 Minuten bei 50 °C
- ► 2. Rast: 50 Minuten bei 62 °C
- ► 3. Rast: 30 Minuten bei 70 °C
- ► Abmaischen bei 76 °C
- ► Kochzeit: 80 Minuten

Altfränkisches Braunbier

obergärig
Stammwürze: 11,6%
Hopfenbittere: 25 EBU
Bierfarbe: 48 EBC
Alkohol: 4,5 Vol.-%
Abfüllzeitpunkt: 3,5 %

3-stufiges Infusionsmaischverfahren

Extraktbrauweise *(mit Kochen)*
– siehe Beschreibung –
2700 g Gerstenmalzextrakt bernstein
200 g Weizenmalzextrakt hell
150 g Maisflocken

2600 g Münchner Malz
1300 g Wiener Malz
200 g Weizenmalz hell
100 g Caramalz dunkel
25 g Röstmalz
10 g Bitterhopfen (7,5 % α)
30 g Aromahopfen (6,5 % α) in 3 Zugaben:
Bitter nach Kochbeginn,
20 g Aroma zur Mitte,
10 g Aroma vor Kochende

- ► Einmaischen: bei 40 °C
- ► 1. Rast: 30 Minuten bei 48 °C
- ► 2. Rast: 60 Minuten bei 64 °C
- ► 3. Rast: 30 Minuten bei 72 °C
- ► Abmaischen bei 76 °C
- ► Kochzeit: 90 Minuten

Spezial-Hefeweizen

obergärig
Stammwürze: 12,0 %
Hopfenbittere: 22 EBU
Bierfarbe: 9 EBC
Alkohol: 4,9 Vol.-%
Abfüllzeitpunkt: 3,5 %

3-stufiges Infusionsmaischverfahren

2900 g Weizenmalz hell
1700 g Pilsener Malz
200 g Rauchmalz
100 g Caramalz hell/Pils
30 g Aromahopfen (7,0 % α)
in 2 Zugaben:
20 g nach Kochbeginn
10 g vor Kochende

- ► Einmaischen: bei 40 °C
- ► 1. Rast: 20 Minuten bei 55 °C
- ► 2. Rast: 30 Minuten bei 65 °C
- ► 3. Rast: 45 Minuten bei 72 °C
- ► Abmaischen bei 76 °C
- ► Kochzeit: 90 Minuten

Dunkles Hefeweizen

obergärig
Stammwürze: 11,8 %
Hopfenbittere: 20 EBU
Bierfarbe: 35 EBC
Alkohol: 4,8 Vol.-%
Abfüllzeitpunkt: 3,3 %

3-stufiges Infusionsmaischverfahren

***Extraktbrauweise** (mit Kochen)*
– siehe Beschreibung –
1300 g Weizenmalzextrakt hell
1000 g Gerstenmalzextrakt bernstein
Farbmalz entfällt
400 g Gerstenmalzextrakt dunkel
150 g Maisflocken

2600 g Weizenmalz dunkel
1500 g Münchner Malz
300 g Caramalzl dunkel
40 g Farbmalz
10 g Bitterhopfen (8,0 % α),
15 g Aromahopfen (6,0 % α)
in einer Zugabe 10 Minuten nach Kochbeginn

- ► Einmaischen: bei 40 °C
- ► 1. Rast: 30 Minuten bei 52 °C
- ► 2. Rast: 30 Minuten bei 65 °C
- ► 3. Rast: 40 Minuten bei 73 °C
- ► Abmaischen bei 76 °C
- ► Kochzeit: 90 Minuten

Österreichischer Urbock

untergärig
Stammwürze: 22 %
Hopfenbittere: 40 EBU
Bierfarbe: 25 EBC
Alkohol: 10,2 Vol.-%
Abfüllzeitpunkt: 5,7 %

2-stufiges Infusionsmaischverfahren

Extraktbrauweise *(mit Kochen)*
– siehe Beschreibung –
3400 g Gerstenmalzextrakt extrahell
1600 g Gerstenmalzextrakt bernstein
700 g Gerstenmalzextrakt dunkel

5200 g Pilsener Malz
3600 g Münchner Malz
70 g Aromahopfen (6,5 % α) in 2 Zugaben:
40 g nach Kochbeginn,
30 g vor Kochende

- ► Einmaischen: bei 40 °C
- ► 1. Rast: 20 Minuten bei 52 °C
- ► 2. Rast: 70 Minuten bei 68 °C
- ► Abmaischen bei 76 °C
- ► Kochzeit: 90 Minuten

Altbayrisches Dunkel

untergärig
Stammwürze: 13,0 %
Hopfenbittere: 21 EBU
Bierfarbe: 52 EBC
Alkohol: 5,4 Vol.-%
Abfüllzeitpunkt: 3,5 %

2-stufiges Infusionsmaischverfahren

Extraktbrauweise *(mit Kochen)*
– siehe Beschreibung –
1500 g Gerstenmalzextrakt dunkel
2000 g Gerstenmalzextrakt bernstein
Farbmalz entfällt
100 g Maisflocken
50 g Haferflocken

4500 g Münchner Malz
280 g Caramalz dunkel
80 g Farbmalz
35 g Aromahopfen (6,5 % α) in einer Zugabe 10 Minuten nach Kochbeginn

- ► Einmaischen: bei 38 °C
- ► 1. Rast: 30 Minuten bei 50 °C
- ► 2. Rast: 70 Minuten bei 66 °C
- ► Abmaischen bei 76 °C
- ► Kochzeit: 90 Minuten

Kellerpils

untergärig
Stammwürze: 11,9 %
Hopfenbittere: 30 EBU
Bierfarbe: 5 EBC
Alkohol: 4,9 Vol.-%
Abfüllzeitpunkt: 3,4 %

3-stufiges Infusionsmaischverfahren

3200 g Pilsener Malz
400 g Rauchmalz
400 g Caramalz hell/Pils
60 g Aromahopfen (6,0 % α) in 2 Zugaben:
40 g nach Kochbeginn,
20 g vor Kochende

- ► Einmaischen: bei 38 °C
- ► 1. Rast: 25 Minuten bei 50 °C
- ► 2. Rast: 40 Minuten bei 62 °C
- ► 3. Rast: 40 Minuten bei 70 °C
- ► Abmaischen bei 76 °C
- ► Kochzeit: 90 Minuten

Schwäbisches Export

untergärig
Stammwürze: 12,6 %
Hopfenbittere: 28 EBU
Bierfarbe: 9 EBC
Alkohol: 4,9 Vol.-%
Abfüllzeitpunkt: 3,5 %

3-stufiges Infusionsmaischverfahren

***Extraktbrauweise** (mit Kochen)*
– siehe Beschreibung –
2600 g Gerstenmalzextrakt extrahell
500 g Gerstenmalzextrakt bernstein
50 g Haferflocken

2000 g Pilsener Malz
2500 g Wiener Malz
400 g Caramalz hell
20 g Bitterhopfen (7,6 % α)
20 g Aromahopfen (6,5 % α) in 2 Zugaben:
Bitter nach Kochbeginn,
Aroma vor Kochende

- ► Einmaischen: bei 35 °C
- ► 1. Rast: 25 Minuten bei 52 °C
- ► 2. Rast: 30 Minuten bei 65 °C
- ► 3. Rast: 30 Minuten bei 72 °C
- ► Abmaischen bei 76 °C
- ► Kochzeit: 90 Minuten

Gose aus Goslar

obergärig
Stammwürze: 12,6 %
Hopfenbittere: 32 EBU
Bierfarbe: 8 EBC
Alkohol: 4,9 Vol.-%
Abfüllzeitpunkt: 3,5 %

3-stufiges Infusionsmaischverfahren

***Extraktbrauweise** (mit Kochen)*
– siehe Beschreibung –
2900 g Weizenmalzextrakt hell
300 g Gerstenmalzextrakt extrahell

500 g Pilsener Malz
4500 g Weizenmalz hell
200 g Sauermalz
65 g Aromahopfen (6,0 % α)
in 3 Zugaben:
22 g beim Einmaischen,
20 g nach Kochbeginn
23 g nach 60 Min. Kochzeit

- Einmaischen: bei 51 °C
- 1. Rast: 20 Minuten bei 51 °C
- 2. Rast: 30 Minuten bei 65 °C
- 3. Rast: 25 Minuten bei 72 °C
- Abmaischen bei 76 °C
- Kochzeit: 120 Minuten

(Nach einem Rezept von Andreas Wagenführer, Goslar).
Vom Autor abgeändert und auf das Infusionsverfahren abgestimmt.

Urbräu

obergärig
Stammwürze: 11,9 %
Hopfenbittere: 23 EBU
Bierfarbe: 80 EBC
Alkohol: 4,8 Vol.-%
Abfüllzeitpunkt: 3,6 %

3-stufiges Infusionsmaischverfahren

***Extraktbrauweise** (mit Kochen)*
– siehe Beschreibung –
3200 g Gerstenmalzextrakt dunkel
100 g Maisflocken
50 g Gerstenflocken
50 g Haferflocken

4800 g Münchner Malz
400 g Caramalz dunkel
40 g Aromahopfen (7,0 % α)
in 2 Zugaben:
22 g nach Kochbeginn
15 g vor Kochende

- Einmaischen: bei 35 °C
- 1. Rast: 20 Minuten bei 50 °C
- 2. Rast: 25 Minuten bei 60 °C
- 3. Rast: 40 Minuten bei 70 °C
- Abmaischen bei 76 °C
- Kochzeit: 90 Minuten

Schwäbisches Weizenbier (dunkel)

obergärig
Stammwürze: 13,0 %
Hopfenbittere: 15 EBU
Bierfarbe: 35 EBC
Alkohol: 5,1 Vol.-%
Abfüllzeitpunkt: 3,5 %

3-stufiges Infusionsmaischverfahren

Extraktbrauweise *(mit Kochen)*
– siehe Beschreibung –
2000 g Weizenmalzextrakt hell
600 g Gerstenmalzextrakt bernstein
500 g Gerstenmalzextrakt dunkel

3000 g Weizenmalz dunkel
200 g Caramalz dunkel
1700 g Wiener Malz
15 g Bitterhopfen (8,0 % α)
15 g Aromahopfen (7,5 % α)
in 2 Zugaben:
Bitter nach Kochbeginn,
Aroma vor Kochende

- ► Einmaischen: bei 38 °C
- ► 1. Rast: 25 Minuten bei 52 °C
- ► 2. Rast: 50 Minuten bei 62 °C
- ► 3. Rast: 20 Minuten bei 72 °C
- ► Abmaischen bei 76 °C
- ► Kochzeit: 90 Minuten

Märzen

untergärig
Stammwürze: 13,3 %
Hopfenbittere: 30 EBU
Bierfarbe: 26 EBC
Alkohol: 5,4 Vol.-%
Abfüllzeitpunkt: 3,5 %

3-stufiges Infusionsmaischverfahren

Extraktbrauweise *(mit Kochen)*
– siehe Beschreibung –
3200 g Gerstenmalzextrakt bernstein

2000 g Wiener Malz
2800 g Münchner Malz light
25 g Bitterhopfen (8,0 % α)
10 g Aromahopfen (6,5 % α)
in 2 Zugaben:
Bitter nach Kochbeginn,
Aroma vor Kochende

- ► Einmaischen: bei 40 °C
- ► 1. Rast: 30 Minuten bei 52 °C
- ► 2. Rast: 30 Minuten bei 65 °C
- ► 3. Rast: 30 Minuten bei 72 °C
- ► Abmaischen bei 76 °C
- ► Kochzeit: 90 Minuten

Weihnachtsbier

obergärig
Stammwürze: 12,5 %
Hopfenbittere: 24 EBU
Bierfarbe: 50 EBC
Alkohol: 5,1 Vol.-%
Abfüllzeitpunkt: 3,5 %

3-stufiges Infusionsmaischverfahren

***Extraktbrauweise** (mit Kochen)*
– siehe Beschreibung –
2600 g Gerstenmalzextrakt bernstein

4000 g	Münchner Malz
20 g	Farbmalz
500 g	Honig
½	Zimtstange
3	Nelken
25 g	Bitterhopfen (8,0 % α)
15 g	Aromahopfen (6,5 % α) in 2 Zugaben: Bitter nach Kochbeginn, Aroma vor Kochende

- ▶ Einmaischen: bei 40 °C
- ▶ 1. Rast: 25 Minuten bei 50 °C
- ▶ 2. Rast: 35 Minuten bei 62 °C
- ▶ 3. Rast: 40 Minuten bei 72 °C
- ▶ Abmaischen bei 76 °C
- ▶ Kochzeit: 90 Minuten
- ▶ Honig, Zimtstange und Nelken beim Kochen zugeben.

Belgisches Trappistenbier I

obergärig
Stammwürze: 13,4 %
Hopfenbittere: 40 EBU
Bierfarbe: 25 EBC
Alkohol: 6 Vol.-%
Abfüllzeitpunkt: 2,7 %

1-stufiges Infusionsmaischverfahren

2700 g	Pilsener Malz
900 g	Wiener Malz
600 g	Münchner Malz
450 g	weißer Zucker
80 g	Aromahopfen (7,0 % α) in 2 Zugaben: 65 g nach Kochbeginn, 15 g vor Kochende

- ▶ Einmaischen: bei 40 °C und so 20 Min. halten
- ▶ 1. Rast: 90 Minuten bei 67 °C
- ▶ Abmaischen bei 76 °C
- ▶ Zucker zur Mitte der Kochzeit zugeben.
- ▶ Kochzeit: 90 Minuten

Englisches Ale (Draught Bass)

obergärig
Stammwürze: 10,8 %
Hopfenbittere: 30 EBU
Bierfarbe: 18 EBC
Alkohol: 4,4Vol.- %
Abfüllzeitpunkt: 3,0 %

1-stufiges Infusionsmaischverfahren

***Extraktbrauweise** (mit Kochen)*
– siehe Beschreibung –
2500 g Gerstenmalzextrakt extrahell
300 g Gerstenmalzextrakt dunkel

650 g Münchner Malz
3000 g Pilsener Malz
200 g Caramalz dunkel
40 g Bitterhopfen (8,0 % α) in einer Zugabe 10 Minuten nach Kochbeginn

- ► Einmaischen: bei 40 °C und so 20 Min. halten
- ► 1. Rast : 90 Minuten bei 66 °C
- ► Abmaischen bei 76 °C
- ► Kochzeit: 90 Minuten

Belgisches Sauerbier I

obergärig
Stammwürze: 11,8 %
Hopfenbittere: 14 EBU
Bierfarbe: 60 EBC
Alkohol: 4,8 Vol.- %
Abfüllzeitpunkt: 3,5 %

3-stufiges Infusionsmaischverfahren

2900 g Wiener Malz
850 g Maisflocken
450 g Caramalz dunkel
90 g Farbmalz
30 g Aromahopfen (5,0 % α) in einer Zugabe nach Kochbeginn

- ► Einmaischen: bei 40 °C
- ► 1. Rast : 20 Minuten bei 52 °C
- ► 2. Rast : 40 Minuten bei 62 °C
- ► 3. Rast : 40 Minuten bei 72 °C
- ► Abmaischen bei 76 °C
- ► Kochzeit: 90 Minuten

Belgisches Sauerbier II

obergärig
Stammwürze: 15,7 %
Hopfenbittere: 14 EBU
Bierfarbe: 60 EBC
Alkohol: 6,5 Vol.-%
Abfüllzeitpunkt: 4,4 %

3-stufiges Infusionsmaischverfahren

4000 g Pilsener Malz
1200 g Maisflocken
550 g Münchner Malz
80 g Farbmalz
30 g Aromahopfen (5,0 % α) in einer Zugabe 10 Minuten nach Kochbeginn

- Einmaischen: bei 40 °C
- 1. Rast : 20 Minuten bei 52 °C
- 2. Rast : 40 Minuten bei 62 °C
- 3. Rast : 40 Minuten bei 72 °C
- Abmaischen bei 76 °C
- Kochzeit: 90 Minuten

Holländisches Altbier

obergärig
Stammwürze: 11,8 %
Hopfenbittere: 40 EBU
Bierfarbe: 32 EBC
Alkohol: 4,9 Vol.-%
Abfüllzeitpunkt: 3,3 %

1-stufiges Infusionsmaischverfahren

3100 g Münchner Malz
800 g Weizenmalz hell
550 g Caramalz dunkel
65 g Aromahopfen (7,5 % α) in 2 Zugaben:
52 g nach Kochbeginn,
13 g vor Kochende

- Einmaischen: bei 40 °C und so 20 Min. halten
- 1. Rast : 90 Minuten bei 65 °C
- Abmaischen bei 76 °C
- Kochzeit: 90 Minuten

Österreichisches Rauchbier

untergärig	6250 g Rauchmalz
Stammwürze: 16,8 %	100 g Caramalz dunkel
Hopfenbittere: 27 EBU	36 g Aromahopfen (7,5 % α) in einer Zugabe 10 Minuten nach Kochbeginn
Bierfarbe: 30 EBC	
Alkohol: 7,2 Vol.-%	
Abfüllzeitpunkt: 4,3 %	
2-stufiges Infusionsmaischverfahren	► Einmaischen: bei 40 °C ► 1. Rast : 30 Minuten bei 50 °C ► 2. Rast : 70 Minuten bei 65 °C ► Abmaischen bei 76 °C ► Kochzeit: 90 Minuten

Französisches Rauchbier

obergärig	4800 g Rauchmalz
Stammwürze: 15,6 %	110 g Maisflocken
Hopfenbittere: 18 EBU	24 g Aromahopfen (7,5 % α) in einer Zugabe 10 Minuten nach Kochbeginn
Bierfarbe: 18 EBC	
Alkohol: 6,7 Vol.-%	
Abfüllzeitpunkt: 4,1 %	
2-stufiges Infusionsmaischverfahren	► Einmaischen: bei 38 °C ► 1. Rast : 30 Minuten bei 50 °C ► 2. Rast : 70 Minuten bei 65 °C ► Abmaischen bei 76 °C ► Kochzeit: 90 Minuten

Französisches dunkles Lager

untergärig	2500 g Münchner Malz
Stammwürze: 15,2 %	2400 g Pilsener Malz
Hopfenbittere: 18 EBU	400 g Caramalz Pils
Bierfarbe: 18 EBC	300 g Wiener Malz
Alkohol: 6,8 Vol.-%	80 g Farbmalz
Abfüllzeitpunkt: 3,7 %	45 g Aromahopfen (5,5 % α) in einer Zugabe 10 Minuten nach Kochbeginn
2-stufiges Infusionsmaischverfahren	

- ► Einmaischen: bei 40 °C
- ► 1. Rast : 30 Minuten bei 50 °C
- ► 2. Rast : 70 Minuten bei 66 °C
- ► Abmaischen bei 76 °C
- ► Kochzeit: 90 Minuten

Luxemburger Lager

untergärig	3650 g Pilsener Malz
Stammwürze: 11,5 %	400 g Reisflocken
Hopfenbittere: 28 EBU	54 g Aromahopfen (5,5 % α) in einer Zugabe 10 Minuten nach Kochbeginn
Bierfarbe: 3 EBC	
Alkohol: 4,8 Vol.-%	
Abfüllzeitpunkt: 3,1 %	
2-stufiges Infusionsmaischverfahren	

- ► Einmaischen: bei 38 °C
- ► 1. Rast : 30 Minuten bei 56 °C
- ► 2. Rast : 70 Minuten bei 62 °C
- ► Abmaischen bei 76 °C
- ► Kochzeit: 90 Minuten

Französisches Lager

untergärig
Stammwürze: 12,2 %
Hopfenbittere: 32 EBU
Bierfarbe: 4 EBC
Alkohol: 5,1 Vol.-%
Abfüllzeitpunkt: 3,3 %

2-stufiges Infusionsmaischverfahren

3800 g Pilsener Malz
650 g Maisflocken
68 g Aromahopfen (5,5 % α) in einer Zugabe 10 Minuten nach Kochbeginn

- ► Einmaischen: bei 40 °C
- ► 1. Rast : 30 Minuten bei 50 °C
- ► 2. Rast : 70 Minuten bei 66°C
- ► Abmaischen bei 76 °C
- ► Kochzeit: 90 Minuten

Tschechisches Pilsener

untergärig
Stammwürze: 12,0 %
Hopfenbittere: 33 EBU
Bierfarbe: 3 EBC
Alkohol: 5,4 Vol.-%
Abfüllzeitpunkt: 2,5 %

3-stufiges Infusionsmaischverfahren

***Extraktbrauweise** (mit Kochen)*
– siehe Beschreibung –
2800 g Gerstenmalzextrakt extrahell

3800 g Pilsener Malz
400 g weißer Zucker
76 g Aromahopfen (5,5 % α) in 2 Zugaben:
64 g nach Kochbeginn,
12 g vor Kochende

- ► Einmaischen: bei 40 °C
- ► 1. Rast : 30 Minuten bei 50 °C
- ► 2. Rast : 60 Minuten bei 63 °C
- ► 3. Rast : 15 Minuten bei 70 °C
- ► Abmaischen bei 76 °C
- ► Zucker zur Mitte der Kochzeit zugeben
- ► Kochzeit: 90 Minuten

Budweiser Lager

untergärig	4250 g	Pilsener Malz
Stammwürze: 11,8 %	100 g	Sauermalz
Hopfenbittere: 20 EBU	40 g	Aromahopfen (5,5 % α)
Bierfarbe: 4 EBC		
Alkohol: 4,9 Vol.-%		
Abfüllzeitpunkt: 3,3 %		

3-stufiges Infusionsmaischverfahren

- ► Einmaischen: bei 38 °C
- ► 1. Rast : 20 Minuten bei 50 °C
- ► 2. Rast : 60 Minuten bei 60 °C
- ► 3. Rast : 30 Minuten bei 70 °C
- ► Abmaischen bei 76 °C
- ► Kochzeit: 90 Minuten

Holländisches Lager I

untergärig	3600 g	Pilsener Malz
Stammwürze: 12,0 %	630 g	Maisflocken
Hopfenbittere: 27 EBU	55 g	Aromahopfen (5,5 % α) in einer Zugabe 10 Minuten nach Kochbeginn
Bierfarbe: 3 EBC		
Alkohol: 4,9 Vol.-%		
Abfüllzeitpunkt: 3,3 %		

3-stufiges Infusionsmaischverfahren

- ► Einmaischen: bei 38 °C
- ► 1. Rast : 20 Minuten bei 50 °C
- ► 2. Rast : 45 Minuten bei 62 °C
- ► 3. Rast : 45 Minuten bei 70 °C
- ► Abmaischen bei 76 °C
- ► Kochzeit: 90 Minuten

Holländisches Lager II

untergärig
Stammwürze: 12,5 %
Hopfenbittere: 37 EBU
Bierfarbe: 9 EBC
Alkohol: 5,2 Vol.-%
Abfüllzeitpunkt: 3,3 %

2-stufiges Infusionsmaischverfahren

***Extraktbrauweise** (mit Kochen)*
– siehe Beschreibung –
2650 g Gerstenmalzextrakt extrahell
1000 g Gerstenmalzextrakt bernstein

4500 g Wiener Malz
72 g Aromahopfen (5,5 % α) in einer Zugabe 10 Minuten nach Kochbeginn

- ► Einmaischen: bei 42 °C
- ► 1. Rast : 30 Minuten bei 50 °C
- ► 2. Rast : 70 Minuten bei 66 °C
- ► Abmaischen bei 76 °C
- ► Kochzeit: 90 Minuten

Holländisches Pils (Brand)

untergärig
Stammwürze: 11,8 %
Hopfenbittere: 27 EBU
Bierfarbe: 7 EBC
Alkohol: 4,9 Vol.-%
Abfüllzeitpunkt: 3,3 %

2-stufiges Infusionsmaischverfahren

3800 g Wiener Malz
430 g Maisflocken
45 g Aromahopfen (8,0 % α) in 2 Zugaben:
35 g nach Kochbeginn
15 g vor Kochende

- ► Einmaischen: bei 42 °C
- ► 1. Rast : 30 Minuten bei 50 °C
- ► 2. Rast : 70 Minuten bei 66 °C
- ► Abmaischen bei 76 °C
- ► Kochzeit: 90 Minuten

Holländischer dunkler Doppelbock

untergärig
Stammwürze: 17,4 %
Hopfenbittere: 22 EBU
Bierfarbe: 50 EBC
Alkohol: 7,3 Vol.-%
Abfüllzeitpunkt: 4,5 %

2-stufiges Infusionsmaischverfahren

4700 g Pilsener Malz
1600 g Münchner Malz
80 g Farbmalz
16 g Bitterhopfen (7,5 % α)
30 g Aromahopfen (7,5 % α)
in 2 Zugaben:
16 g Bitter und 15 g Aroma nach Kochbeginn
15 g Aroma vor Kochende

- ▶ Einmaischen: bei 40 °C
- ▶ 1. Rast : 30 Minuten bei 50 °C
- ▶ 2. Rast : 80 Minuten bei 65 °C
- ▶ Abmaischen bei 76 °C
- ▶ Kochzeit: 90 Minuten

Dänisches Starkbier (Carlsberg)

untergärig
Stammwürze: 15,6 %
Hopfenbittere: 38 EBU
Bierfarbe: 5 EBC
Alkohol: 7,3 Vol.-%
Abfüllzeitpunkt: 3,0 %

3-stufiges Infusionsmaischverfahren

***Extraktbrauweise** (mit Kochen)*
– siehe Beschreibung –
3600 g Gerstenmalzextrakt extrahell
200 g Maisflocken

4750 g Pilsener Malz
650 g weißer Zucker
64 g Aromahopfen (5,5 % α)
in 2 Zugaben:
52 g nach Kochbeginn,
12 g vor Kochende

- ▶ Einmaischen: bei 42 °C
- ▶ 1. Rast: 20 Minuten bei 50 °C
- ▶ 2. Rast: 45 Minuten bei 66 °C
- ▶ 3. Rast: 45 Minuten bei 72 °C
- ▶ Abmaischen bei 76 °C
- ▶ Zucker zur Mitte der Kochzeit zugeben
- ▶ Kochzeit: 90 Minuten

Dänisches Lager

untergärig
Stammwürze: 10,4 %
Hopfenbittere: 23 EBU
Bierfarbe: 5 EBC
Alkohol: 4,6 Vol.-%
Abfüllzeitpunkt: 2,1 %

3-stufiges Infusionsmaischverfahren

***Extraktbrauweise** (mit Kochen)*
– siehe Beschreibung –
2150 g Gerstenmalzextrakt extrahell

2800 g Pilsener Malz
210 g Caramalz Pils
400 g weißer Zucker
32 g Aromahopfen (7,5 % α) in einer Zugabe 10 Minuten nach Kochbeginn

- ► Einmaischen: bei 42 °C
- ► 1. Rast: 20 Minuten bei 50 °C
- ► 2. Rast: 60 Minuten bei 66 °C
- ► 3. Rast: 30 Minuten bei 72 °C
- ► Abmaischen bei 76 °C
- ► Zucker zur Mitte der Kochzeit zugeben
- ► Kochzeit: 90 Minuten

Englischer Porter (Whitebread)

obergärig
Stammwürze: 12,7 %
Hopfenbittere: 40 EBU
Bierfarbe: 290 EBC
Alkohol: 4,7 Vol.-%
Abfüllzeitpunkt: 4,4 %

1-stufiges Infusionsmaischverfahren

***Extraktbrauweise** (mit Kochen)*
– siehe Beschreibung –
2050 g Gerstenmalzextrakt dunkel
1000 g Gerstenmalzextrakt bernstein
(Farbmalz entfällt)
300 g Haferflocken
50 g Gerstenflocken

3950 g Pilsener Malz
710 g Farbmalz / Röstmalz
80 g Aromahopfen (5,3 % α) in einer Zugabe 10 Minuten nach Kochbeginn

- ► Einmaischen: bei 40 °C und so 20 Min. halten
- ► 1. Rast: 90 Minuten bei 67 °C
- ► Abmaischen bei 76 °C
- ► Kochzeit: 90 Minuten

Finnischer Porter

obergärig
Stammwürze: 16,4 %
Hopfenbittere: 50 EBU
Bierfarbe: 250 EBC
Alkohol: 6,4 Vol.- %
Abfüllzeitpunkt: 5,5 %

1-stufiges Infusionsmaischverfahren

***Extraktbrauweise** (mit Kochen)*
– siehe Beschreibung –
3000 g Gerstenmalzextrakt dunkel
900 g Gerstenmalzextrakt bernstein
(Farbmalz entfällt)
200 g Haferflocken

5000 g Pilsener Malz
610 g Caramalz hell
510 g Farbmalz
68 g Bitterhopfen (7,6 % α) in einer Zugabe 10 Minuten nach Kochbeginn

- Einmaischen: bei 40 °C und so 20 Min. halten
- 1. Rast: 90 Minuten bei 65 °C
- Abmaischen bei 76 °C
- Kochzeit: 90 Minuten

Irisches Starkbier (Smithwick)

obergärig
Stammwürze: 15,2 %
Hopfenbittere: 35 EBU
Bierfarbe: 100 EBC
Alkohol: 6,3 Vol.- %
Abfüllzeitpunkt: 4,4 %

1-stufiges Infusionsmaischverfahren

***Extraktbrauweise** (mit Kochen)*
– siehe Beschreibung –
3000 g Gerstenmalzextrakt bernstein

4500 g Wiener Malz
850 g Maisflocken
190 g Farbmalz
46 g Bitterhopfen (7,6 % α) in einer Zugabe 10 Minuten nach Kochbeginn

- Einmaischen: bei 38 °C und so 20 Min. halten
- 1. Rast: 90 Minuten bei 66 °C
- Abmaischen bei 76 °C
- Kochzeit: 90 Minuten

English Stout I (Samuel Smith)

obergärig
Stammwürze: 17,3 %
Hopfenbittere: 50 EBU
Bierfarbe: 155 EBC
Alkohol: 7,6 Vol.-%
Abfüllzeitpunkt: 4,1 %

1-stufiges Infusionsmaischverfahren

***Extraktbrauweise** (mit Kochen)*
– siehe Beschreibung –
3850 g Gerstenmalzextrakt dunkel
850 g Gerstenmalzextrakt bernstein
(Farbmalz entfällt)

5000 g Wiener Malz
500 g Caramalz hell
240 g Farbmalz
500 g weißer Zucker
110 g Aromahopfen (5,3 % α) in einer Zugabe 10 Minuten nach Kochbeginn

- ► Einmaischen: bei 38 °C und so 20 Min. halten
- ► 1. Rast: 90 Minuten bei 66 °C
- ► Abmaischen bei 76 °C
- ► Kochzeit: 90 Minuten
- ► Zuckerzugabe zur Mitte der Kochzeit

Irish Stout (Murphy)

obergärig
Stammwürze: 9,5 %
Hopfenbittere: 35 EBU
Bierfarbe: 180 EBC
Alkohol: 4,0 Vol.-%
Abfüllzeitpunkt: 2,5 %

1-stufiges Infusionsmaischverfahren

***Extraktbrauweise** (mit Kochen)*
– siehe Beschreibung –
1250 g Gerstenmalzextrakt extrahell
500 g Gerstenmalzextrakt dunkel
Farbmalz im Mousselinsäckchen ab 40 °C mitkochen

2300 g Wiener Malz
350 g Farbmalz
480 g weißer Zucker
32 g Bitterhopfen (11,2 % α) in einer Zugabe 10 Minuten nach Kochbeginn

- ► Einmaischen: bei 38 °C und so 25 Min. halten
- ► 1. Rast: 90 Minuten bei 66 °C
- ► Abmaischen bei 76 °C
- ► Kochzeit: 90 Minuten
- ► Zuckerzugabe zur Mitte der Kochzeit

Milk Stout (Mackeson)

obergärig
Stammwürze: 10,5 %
Hopfenbittere: 26 EBU
Bierfarbe: 225 EBC
Alkohol: 3,0 Vol.-%
Abfüllzeitpunkt: 5,5 %

1-stufiges Infusionsmaischverfahren

Extraktbrauweise (mit Kochen)
– siehe Beschreibung –
1900 g Gerstenmalzextrakt bernstein
Farbmalz im Mousselinsäckchen
mitkochen ab 40 °C

2500 g Wiener Malz
410 g Farbmalz
100 g Münchner Malz
500 g Laktose
24 g Bitterhopfen (11,2 % α) in einer Zugabe 10 Minuten nach Kochbeginn

- ► Einmaischen: bei 40 °C und so 20 Min. halten
- ► 1. Rast: 90 Minuten bei 66 °C
- ► Abmaischen bei 76 °C
- ► Laktose nach 60 Minuten Kochzeit zugeben
- ► Kochzeit: 90 Minuten

Oatmeal Stout (Samuel Smith)

obergärig
Stammwürze: 11,8 %
Hopfenbittere: 30 EBU
Bierfarbe: 155 EBC
Alkohol: 4,6 Vol.-%
Abfüllzeitpunkt: 3,7 %

1-stufiges Infusionsmaischverfahren

3800 g Wiener Malz
210 g Farbmalz
100 g Münchner Malz
300 g Haferflocken
20 g Bitterhopfen (7,7 % α)
36 g Aromahopfen (4,5 % α) in einer Zugabe 10 Minuten nach Kochbeginn

- ► Einmaischen: bei 40 °C und so 20 Min. halten
- ► 1. Rast: 90 Minuten bei 66 °C
- ► Abmaischen bei 76 °C
- ► Kochzeit: 90 Minuten

Export Stout I (Mackeson)

obergärig
Stammwürze: 14,3 %
Hopfenbittere: 34 EBU
Bierfarbe: 300 EBC
Alkohol: 4,5 Vol.-%
Abfüllzeitpunkt: 6,3 %

1-stufiges Infusionsmaischverfahren

***Extraktbrauweise** (mit Kochen)*
– siehe Beschreibung –
2900 g Gerstenmalzextrakt dunkel
200 g Farbmalz

3800 g Wiener Malz
600 g Farbmalz
520 g Laktose
32 g Bitterhopfen (11,2 % α) in einer Zugabe 10 Minuten nach Kochbeginn

- ► Einmaischen: bei 40 °C und so 20 Min. halten
- ► 1. Rast: 90 Minuten bei 66 °C
- ► Abmaischen bei 76 °C
- ► Laktose nach 60 Minuten Kochzeit zugeben
- ► Kochzeit: 90 Minuten

Irish Extra Stout (Guinness Art)

obergärig
Stammwürze: 17,5 %
Hopfenbittere: 65 EBU
Bierfarbe: 200 EBC
Alkohol: 7,1 Vol.-%
Abfüllzeitpunkt: 5,2 %

1-stufiges Infusionsmaischverfahren

***Extraktbrauweise** (mit Kochen)*
– siehe Beschreibung –
3200 g Gerstenmalzextrakt bernstein

4950 g Wiener Malz
1400 g Gerstenflocken
400 g Farbmalz/Röstmalz
36 g Bitterhopfen (11,2 % α)
52 g Aromahopfen (5,3 % α) in einer Zugabe 10 Minuten nach Kochbeginn

- ► Einmaischen: bei 40 °C und so 15 Min. halten
- ► 1. Rast: 90 Minuten bei 66 °C
- ► Abmaischen bei 76 °C
- ► Kochzeit: 90 Minuten

English Stout II

obergärig
Stammwürze: 11,8 %
Hopfenbittere: 22 EBU
Bierfarbe: 144 EBC
Alkohol: 4,9 Vol.-%
Abfüllzeitpunkt: 3,2 %

1-stufiges Infusionsmaischverfahren

***Extraktbrauweise** (mit Kochen)*
– siehe Beschreibung –
2000 g Gerstenmalzextrakt extrahell
200 g Gerstenmalzextrakt dunkel

3050 g Pilsener Malz
300 g Münchner Malz
340 g Farbmalz
250 g Zucker
12 g Bitterhopfen (7,7 % α)
25 g Aromahopfen (5,3 % α) in einer Zugabe 10 Minuten nach Kochbeginn

- Einmaischen: bei 42 °C und so 15 Min. halten
- 1. Rast: 90 Minuten bei 66 °C
- Abmaischen bei 76 °C
- Zuckerzugabe zur Mitte der Kochzeit
- Kochzeit: 90 Minuten

Export Stout II (Guinness Art)

obergärig
Stammwürze: 11,8 %
Hopfenbittere: 45 EBU
Bierfarbe: 200 EBC
Alkohol: 4,6 Vol.-%
Abfüllzeitpunkt: 3,9 %

1-stufiges Infusionsmaischverfahren

***Extraktbrauweise** (mit Kochen)*
– siehe Beschreibung –
2100 g Gerstenmalzextrakt extrahell

3150 g Pilsener Malz
1200 g Haferflocken
450 g Röstmalz/Farbmalz
24 g Bitterhopfen (11,2 % α)
32 g Aromahopfen (5,3 % α) in einer Zugabe 10 Minuten nach Kochbeginn

- Einmaischen: bei 40 °C und so 20 Min. halten
- 1. Rast: 90 Minuten bei 66 °C
- Abmaischen bei 76 °C
- Kochzeit: 90 Minuten

Imperial Stout

obergärig
Stammwürze: 23 %
Hopfenbittere: 50 EBU
Bierfarbe: 235 EBC
Alkohol: 10,5 Vol.-%
Abfüllzeitpunkt: 4,9 %

1-stufiges Infusionsmaischverfahren

2400 g Pilsener Malz
3400 g Wiener Malz
5200 g Münchner Malz
800 g weißer Zucker
500 g Farbmalz
48 g Bitterhopfen (11,2 % α) in einer Zugabe 10 Minuten nach Kochbeginn

Extraktbrauweise *(mit Kochen)*
– siehe Beschreibung –
1600 g Gerstenmalzextrakt extrahell
4900 g Gerstenmalzextrakt bernstein
600 g Gerstenmalzextrakt dunkel

- ► Einmaischen: bei 42 °C und so 15 Min. halten
- ► 1. Rast: 90 Minuten bei 67 °C
- ► Abmaischen bei 76 °C
- ► Zuckerzugabe zur Mitte der Kochzeit
- ► Kochzeit: 90 Minuten

Englisches Starkbier (Barley Wine)

obergärig
Stammwürze: 21,0 %
Hopfenbittere: 45 EBU
Bierfarbe: 13 EBC
Alkohol: 9,2 Vol.-%
Abfüllzeitpunkt: 4,7 %

1-stufiges Infusionsmaischverfahren

5200 g Wiener Malz
2800 g Pilsener Malz
20 g Farbmalz
107 g Aromahopfen (5,3 % α) in einer Zugabe 10 Minuten nach Kochbeginn

- ► Einmaischen: bei 38 °C und so 20 Min. halten
- ► 1. Rast: 90 Minuten bei 68 °C
- ► Abmaischen bei 76°C
- ► Kochzeit: 90 Minuten

Mild Ale I

obergärig
Stammwürze: 8,0 %
Hopfenbittere: 18 EBU
Bierfarbe: 79 EBC
Alkohol: 3,2 Vol.-%
Abfüllzeitpunkt: 2,7 %

1-stufiges Infusionsmaischverfahren

2500 g Wiener Malz
290 g Caramalz hell/Pils
145 g Farbmalz
20 g Bitterhopfen (10,3 % α) in einer Zugabe 10 Miuten nach Kochbeginn

- Einmaischen: bei 44 °C und so 20 Min. halten
- 1. Rast: 90 Minuten bei 67 °C
- Abmaischen bei 76 °C
- Kochzeit: 90 Minuten

Museum Pale Ale

obergärig
Stammwürze: 12,3 %
Hopfenbittere: 30 EBU
Bierfarbe: 25 EBC
Alkohol: 5.1 Vol. -%
Abfüllzeit: 3,3 %

1-stufiges Infusionsmaischverfahren

4000 g Wiener Malz
480 g Caramalz Pils
35 g Farbmalz
68 g Aromahopfen (5,3 % α) in einer Zugabe 10 Minuten nach Kochbeginn

- Einmaischen: bei 44 °C und so 25 Min. halten
- 1. Rast: 90 Minuten bei 66 °C
- Abmaischen bei 76 °C
- Kochzeit: 90 Minuten

***Extraktbrauweise** (mit Kochen)*

– siehe Beschreibung –
2000 g Gerstenmalzextrakt extrahell
600 g Gerstenmalzextrakt bernstein

Mild Ale (Ridley)

obergärig
Stammwürze: 8,5 %
Hopfenbittere: 24 EBU
Bierfarbe: 60 EBC
Alkohol: 3,7 Vol.-%
Abfüllzeitpunkt: 2,0 %

1-stufiges Infusions-maischverfahren

***Extraktbrauweise** (mit Kochen)*
– siehe Beschreibung –
1600 g Gerstenmalzextrakt bernstein

2450 g Wiener Malz
140 g Farbmalz
290 g weißer Zucker
48 g Aromahopfen (5,3 % α) in einer Zugabe 10 Minuten nach Kochbeginn

- ► Einmaischen: bei 40 °C und so 20 Min. halten
- ► 1. Rast: 90 Minuten bei 65 °C
- ► Abmaischen bei 76 °C
- ► Zuckerzugabe zur Mitte der Kochzeit
- ► Kochzeit: 90 Minuten

Pale Ale (Double Diamond)

obergärig
Stammwürze: 12,9 %
Hopfenbittere: 35 EBU
Bierfarbe: 25 EBC
Alkohol: 5,5 Vol.-%
Abfüllzeitpunkt: 3,5 %

1-stufiges Infusions-maischverfahren

4200 g Wiener Malz
300 g Caramalz Pils
55 g Farbmalz
240 g Maisflocken
32 g Bitterhopfen (11,2 % α)
12 g Aromahopfen (5,3 % α) in 2 Zugaben: Bitter nach Kochbeginn Aroma vor Kochende

- ► Einmaischen: bei 40 °C und so 25 Min. halten
- ► 1. Rast: 90 Minuten bei 66 °C
- ► Abmaischen bei 76 °C
- ► Kochzeit: 90 Minuten

Mild Ale (Highgate)

obergärig	2100 g	Wiener Malz
Stammwürze: 8,9 %	300 g	Caramalz Pils
Hopfenbittere: 22 EBU	200 g	Farbmalz
Bierfarbe: 63 EBC	350 g	weißer Zucker
Alkohol: 3,8 Vol.-%	44 g	Aromahopfen (5,3 % α) in einer Zugabe 10 Miuten nach Kochbeginn
Abfüllzeitpunkt: 2,0 %		

1-stufiges Infusionsmaischverfahren

- ► Einmaischen: bei 40 °C und so 20 Min. halten
- ► 1. Rast: 90 Minuten bei 65 °C
- ► Abmaischen bei 76 °C
- ► Zuckerzugabe zur Mitte der Kochzeit
- ► Kochzeit: 90 Minuten

Englisches Nut Brown Ale

obergärig	3900 g	Pilsener Malz
Stammwürze: 11,8 %	440 g	Caramalz hell/Pils
Hopfenbittere: 34 EBU	130 g	Farbmalz
Bierfarbe: 65 EBC	85 g	Aromahopfen (5,3 % α) in einer Zugabe 10 Miuten nach Kochbeginn
Alkohol: 4,8 Vol.-%		
Abfüllzeitpunkt: 3,3 %		

1-stufiges Infusionsmaischverfahren

- ► Einmaischen: bei 44 °C und so 20 Min. halten
- ► 1. Rast: 90 Minuten bei 66 °C
- ► Abmaischen bei 76 °C
- ► Kochzeit: 90 Minuten

Eighty Shilling Ale

obergärig
Stammwürze: 10,4 %
Hopfenbittere: 30 EBU
Bierfarbe: 25 EBC
Alkohol: 4,6 Vol.-%
Abfüllzeitpunkt: 2,5 %

1-stufiges Infusionsmaischverfahren

Extraktbrauweise *(mit Kochen)*
– siehe Beschreibung –
1650 g Gerstenmalzextrakt bernstein
(Farbmalz entfällt)

2500 g Wiener Malz
560 g Maisflocken
200 g Haferflocken
30 g Farbmalz
250 g weißer Zucker
40 g Bitterhopfen (7,7 % α)
8 g Aromahopfen (5,3 % α)
in 2 Zugaben:
Bitter nach Kochbeginn
Aroma vor Kochende

- ► Einmaischen:
bei 40 °C und so 25 Min. halten
- ► 1. Rast: 90 Minuten bei 66 °C
- ► Abmaischen bei 76 °C
- ► Kochzeit: 90 Minuten

Schottisches Brown Ale

obergärig
Stammwürze: 10,8 %
Hopfenbittere: 24 EBU
Bierfarbe: 50 EBC
Alkohol: 5,0 Vol.-%
Abfüllzeitpunkt: 2,3 %

1-stufiges Infusionsmaischverfahren

Extraktbrauweise *(mit Kochen)*
– siehe Beschreibung –
1800 g Gerstenmalzextrakt bernstein

2750 g Wiener Malz
560 g Caramalz hell/Pils
380 g weißer Zucker
40 g Farbmalz
22 g Bitterhopfen (11,2 % α)
in einer Zugabe 10 Minuten nach Kochbeginn

- ► Einmaischen:
bei 44 °C und so 25 Min. halten
- ► 1. Rast: 90 Minuten bei 66 °C
- ► Abmaischen bei 76 °C
- ► Zuckerzugabe zur Mitte der Kochzeit
- ► Kochzeit: 90 Minuten

Irisches Bier (Kilkenny Art)

obergärig
Stammwürze: 11,8 %
Hopfenbittere: 33 EBU
Bierfarbe: 30 EBC
Alkohol: 4,8 Vol.-%
Abfüllzeitpunkt: 3,3 %

1-stufiges Infusionsmaischverfahren

***Extraktbrauweise** (mit Kochen)*
– siehe Beschreibung –
3000 g Gerstenmalzextrakt bernstein
200 g Haferflocken
50 g Maisflocken

3900 g	Wiener Malz
400 g	Caramalz hell/Pils
380 g	weißer Zucker
35 g	Farbmalz
42 g	Bitterhopfen (8,0 % α) in einer Zugabe 10 Minuten nach Kochbeginn

- ► Einmaischen: bei 44 °C und so 20 Min. halten
- ► 1. Rast: 90 Minuten bei 65 °C
- ► Abmaischen bei 76 °C
- ► Kochzeit: 90 Minuten

Belgisches Brown Ale (Liefmans)

obergärig
Stammwürze: 12,7 %
Hopfenbittere: 20 EBU
Bierfarbe: 60 EBC
Alkohol: 5,2 Vol.-%
Abfüllzeitpunkt: 3,5 %

1-stufiges Infusionsmaischverfahren

3300 g	Wiener Malz
560 g	Maisflocken
240 g	Caramalz hell
90 g	Farbmalz
48 g	Aromahopfen (6,3 % α) in 2 Zugaben: 35 g nach Kochbeginn, 13 g vor Kochende

- ► Einmaischen: bei 45 °C und so 25 Min. halten
- ► 1. Rast: 90 Minuten bei 66 °C
- ► Abmaischen bei 76 °C
- ► Kochzeit: 90 Minuten

Holländisches Stout

obergärig
Stammwürze: 15,7 %
Hopfenbittere: 27 EBU
Bierfarbe: 150 EBC
Alkohol: 6,4 Vol.-%
Abfüllzeitpunkt: 4,5 %

1-stufiges Infusionsmaischverfahren

4200 g Wiener Malz
1300 g Münchner Malz
200 g Farbmalz
20 g Bitterhopfen (7,6 % α)
20 g Aromahopfen (7,5 % α) in einer Zugabe 10 Minuten nach Kochbeginn

- Einmaischen: bei 45 °C und so 25 Min. halten
- 1. Rast: 90 Minuten bei 66 °C
- Abmaischen bei 76 °C
- Kochzeit: 90 Minuten

Belgisches Trappistenbier II (Dubbel)

obergärig
Stammwürze: 15,5 %
Hopfenbittere: 20 EBU
Bierfarbe: 55 EBC
Alkohol: 6,7 Vol.-%
Abfüllzeitpunkt: 3,7 %

2-stufiges Infusionsmaischverfahren

***Extraktbrauweise** (mit Kochen)*
– siehe Beschreibung –
3500 g Gerstenmalzextrakt extrahell
Farbmalz im Mousselinsäckchen ab 40 °C mitkochen

5200 g Pilsener Malz
120 g Farbmalz
250 g weißer Zucker
40 g Aromahopfen (5,5 % α) in einer Zugabe 10 Minuten nach Kochbeginn

- Einmaischen: bei 44 °C
- 1. Rast: 30 Minuten bei 50 °C
- 2. Rast: 70 Minuten bei 66 °C
- Abmaischen bei 76 °C
- Zucker zur Mitte der Kochzeit zugeben
- Kochzeit: 90 Minuten

Bière de garde I

obergärig
Stammwürze: 15,0 %
Hopfenbittere: 25 EBU
Bierfarbe: 35 EBC
Alkohol: 6,3 Vol.-%
Abfüllzeitpunkt: 3,9 %

2-stufiges Infusionsmaischverfahren

3100 g Münchner Malz
30 g Farbmalz
16 g Bitterhopfen (7,6 % α)
28 g Aromahopfen (4,5 % α) in einer Zugabe 10 Minuten nach Kochbeginn

- ▶ Einmaischen: bei 38 °C
- ▶ 1. Rast: 30 Minuten bei 50 °C
- ▶ 2. Rast: 70 Minuten bei 65 °C
- ▶ Abmaischen bei 76 °C
- ▶ Kochzeit: 90 Minuten

Bière de garde II

obergärig
Stammwürze: 19,0 %
Hopfenbittere: 27 EBU
Bierfarbe: 6 EBC
Alkohol: 8,4 Vol.-%
Abfüllzeitpunkt: 4,3 %

2-stufiges Infusionsmaischverfahren

6600 g Pilsener Malz
280 g weißer Zucker
45 g Aromahopfen (5,0 % α) in einer Zugabe 10 Minuten nach Kochbeginn

- ▶ Einmaischen: bei 40 °C
- ▶ 1. Rast: 30 Minuten bei 50 °C
- ▶ 2. Rast: 70 Minuten bei 66 °C
- ▶ Abmaischen bei 76 °C
- ▶ Zuckerzugabe zur Mitte der Kochzeit
- ▶ Kochzeit: 90 Minuten

Bière de garde III

obergärig
Stammwürze: 16,4 %
Hopfenbittere: 25 EBU
Bierfarbe: 35 EBC
Alkohol: 7,0 Vol.-%
Abfüllzeitpunkt: 4,2 %

1-stufiges Infusionsmaischverfahren

5300 g Wiener Malz
700 g Münchner Malz
250 g Caramalz hell/Pils
40 g Farbmalz
48 g Aromahopfen (5,5 % α) in einer Zugabe 10 Minuten nach Kochbeginn

- Einmaischen: bei 45 °C und so 30 Min. halten
- 1. Rast: 90 Minuten bei 65 °C
- Abmaischen bei 76 °C
- Kochzeit: 90 Minuten

Wiener Altbier

obergärig
Stammwürze: 12,2 %
Hopfenbittere: 30 EBU
Bierfarbe: 30 EBC
Alkohol: 5,4 Vol.-%
Abfüllzeitpunkt: 2,8 %

2-stufiges Infusionsmaischverfahren

2150 g Münchner Malz
1650 g Wiener Malz
200 g Caramalz hell/Pils
30 g Farbmalz
320 g weißer Zucker
50 g Aromahopfen (7,5 % α) in 2 Zugaben:
40 g nach Kochbeginn
10 g vor Kochende

***Extraktbrauweise** (mit Kochen)*
– siehe Beschreibung –
1850 g Gerstenmalzextrakt bernstein
600 g Gerstenmalzextrakt extrahell

- Einmaischen: bei 40 °C
- 1. Rast: 30 Minuten bei 50 °C
- 2. Rast: 70 Minuten bei 66 °C
- Abmaischen bei 76 °C
- Zuckerzugabe zur Mitte der Kochzeit
- Kochzeit: 90 Minuten

Belgisches Ale I (De Koninck)

obergärig	3200 g	Pilsener Malz
Stammwürze: 11,8 %	1100 g	Wiener Malz
Hopfenbittere: 24 EBU	40 g	Farbmalz
Bierfarbe: 22 EBC	44 g	Aromahopfen (5,5 % α) in einer Zugabe 10 Minuten nach Kochbeginn
Alkohol: 4,9 Vol.-%		
Abfüllzeitpunkt: 3,2 %		

2-stufiges Infusionsmaischverfahren

- ► Einmaischen: bei 38 °C
- ► 1. Rast: 30 Minuten bei 50 °C
- ► 2. Rast: 70 Minuten bei 66 °C
- ► Abmaischen bei 76 °C
- ► Kochzeit: 90 Minuten

Englisches Bitter (Fuller's)

obergärig	3400 g	Wiener Malz
Stammwürze: 13,2 %	1000 g	Maisflocken
Hopfenbittere: 35 EBU	420 g	Caramalz hell/Pils
Bierfarbe: 30 EBC	30 g	Farbmalz
Alkohol: 5,5 Vol.-%	48 g	Bitterhopfen (7,7 % α)
Abfüllzeitpunkt: 3,5 %	16 g	Aromahopfen (5,3 % α) in 2 Zugaben: Bitter nach Kochbeginn Aroma vor Kochende

1-stufiges Infusionsmaischverfahren

Extraktbrauweise *(mit Kochen)*
– siehe Beschreibung –
2200 g Gerstenmalzextrakt bernstein
Farbmalz entfällt

- ► Einmaischen: bei 45 °C und so 20 Min. halten
- ► 1. Rast: 90 Minuten bei 66 °C
- ► Abmaischen bei 76 °C
- ► Kochzeit: 90 Minuten

Belgisches Ale II (Duvel)

obergärig	5100 g	Wiener Malz
Stammwürze: 16,8 %	10 g	Farbmalz
Hopfenbittere: 30 EBU	700 g	weißer Zucker
Bierfarbe: 10 EBC	74 g	Aromahopfen (5,5 % α)
Alkohol: 7,9 Vol.-%		in 3 Zugaben:
Abfüllzeitpunkt: 2,9 %		34 g nach Kochbeginn
		28 g zur Kochmitte
1-stufiges Infusionsmaischverfahren		12 g vor Kochende

- ► Einmaischen: bei 45 °C und so 25 Min. halten
- ► 1. Rast: 90 Minuten bei 66 °C
- ► Abmaischen bei 76 °C
- ► Zuckerzugabe zur Mitte der Kochzeit
- ► Kochzeit: 90 Minuten

Pale Ale III (stark) (Courage)

obergärig	4900 g	Wiener Malz
Stammwürze: 16,5 %	280 g	Caramalz hell/Pils
Hopfenbittere: 42 EBU	600 g	weißer Zucker
Bierfarbe: 26 EBC	40 g	Farbmalz
Alkohol: 7,6 Vol.-%	56 g	Bitterhopfen (7,7 % α)
Abfüllzeitpunkt: 3,1 %	16 g	Aromahopfen (5,3 % α)
		in 2 Zugaben:
1-stufiges Infusionsmaischverfahren		Bitter nach Kochbeginn
		Aroma vor Kochende

***Extraktbrauweise** (mit Kochen)*
– siehe Beschreibung –
3850 g Gerstenmalzextrakt extrahell
Caramalz und Farbmalz
in Mousselinsäckchen
ab 40 °C mitkochen

- ► Einmaischen: bei 45 °C und so 25 Min. halten
- ► 1. Rast: 90 Minuten bei 66 °C
- ► Abmaischen bei 76 °C
- ► Zuckerzugabe zur Mitte der Kochzeit
- ► Kochzeit: 90 Minuten

Belgisches dunkles Ale (De Dotte)

obergärig
Stammwürze: 15,9 %
Hopfenbittere: 26 EBU
Bierfarbe: 76 EBC
Alkohol: 7,3 Vol.- %
Abfüllzeitpunkt: 2,9 %

1-stufiges Infusionsmaischverfahren

4100 g Münchner Malz
550 g Wiener Malz
150 g Farbmalz
650 g weißer Zucker
50 g Aromahopfen (5,3 % α) in einer Zugabe 10 Minuten nach Kochbeginn

- ► Einmaischen: bei 45 °C und so 25 Min. halten
- ► 1. Rast: 90 Minuten bei 66 °C
- ► Abmaischen bei 76 °C
- ► Zuckerzugabe zur Mitte der Kochzeit
- ► Kochzeit: 90 Minuten

Churchill Pale Ale

obergärig
Stammwürze: 12,2 %
Hopfenbittere: 32 EBU
Bierfarbe: 35 EBC
Alkohol: 5,6 Vol.- %
Abfüllzeitpunkt: 2,5 %

1-stufiges Infusionsmaischverfahren

3000 g Wiener Malz
450 g Münchner Malz
350 g Caramalz hell/Pils
40 g Farbmalz
430 g weißer Zucker
20 g Bitterhopfen (7,7 % α)
32 g Aromahopfen (5,3 % α) in einer Zugabe 10 Minuten nach Kochbeginn

***Extraktbrauweise** (mit Kochen)*
– siehe Beschreibung –
1950 g Gerstenmalzextrakt extrahell
600 g Gerstenmalzextrakt bernstein

- ► Einmaischen: bei 45 °C und so 20 Min. halten
- ► 1. Rast: 90 Minuten bei 66 °C
- ► Abmaischen bei 76 °C
- ► Zuckerzugabe zur Mitte der Kochzeit
- ► Kochzeit: 90 Minuten

Schottisches Starkbier (Caledonian Ale)

obergärig
Stammwürze: 18,5 %
Hopfenbittere: 60 EBU
Bierfarbe: 35 EBC
Alkohol: 8,0 Vol.-%
Abfüllzeitpunkt: 4,8 %

1-stufiges Infusionsmaischverfahren

6350 g Wiener Malz
75 g Röstmalz/Farbmalz
300 g Caramalz hell/Pils
300 g Weizenmalz hell
120 g Aromahopfen (5,3 % α) in einer Zugabe 10 Minuten nach Kochbeginn

- ► Einmaischen: bei 45 °C und so 20 Min. halten
- ► 1. Rast: 90 Minuten bei 66 °C
- ► Abmaischen bei 76 °C
- ► Kochzeit: 90 Minuten

Englisches Ale I (Bass)

obergärig
Stammwürze: 10,9 %
Hopfenbittere: 30 EBU
Bierfarbe: 18 EBC
Alkohol: 4,7 Vol.-%
Abfüllzeitpunkt: 2,8 %

1-stufiges Infusionsmaischverfahren

***Extraktbrauweise** (mit Kochen)*
– siehe Beschreibung –
2000 g Gerstenmalzextrakt extrahell
400 g Gerstenmalzextrakt bernstein

3600 g Wiener Malz
200 g Caramalz hell/Pils
30 g Farbmalz
120 g weißer Zucker
84 g Aromahopfen (4,5 % α) in 2 Zugaben:
68 g nach Kochbeginn
16 g vor Kochende

- ► Einmaischen: bei 40 °C und so 25 Min. halten
- ► 1. Rast: 90 Minuten bei 65 °C
- ► Abmaischen bei 76 °C
- ► Zuckerzugabe zur Mitte der Kochzeit
- ► Kochzeit: 90 Minuten

Englisches Ale II (Bass)

obergärig	4300 g	Wiener Malz
Stammwürze: 12,5 %	300 g	Caramalz hell
Hopfenbittere: 35 EBU	35 g	Farbmalz
Bierfarbe: 25 EBC	50 g	Bitterhopfen (7,5 % α) in einer Zugabe 10 Minuten nach Kochbeginn
Alkohol: 5,2 Vol.-%		
Abfüllzeitpunkt: 3,3 %		

1-stufiges Infusionsmaischverfahren

- ► Einmaischen: bei 45 °C und so 20 Min. halten
- ► 1. Rast: 90 Minuten bei 66 °C
- ► Abmaischen bei 76 °C
- ► Kochzeit: 90 Minuten

Schottisches Export Ale (Belhaven)

obergärig	3000 g	Münchner Malz
Stammwürze: 10,8 %	580 g	Caramalz dunkel
Hopfenbittere: 28 EBU	50 g	Farbmalz
Bierfarbe: 60 EBC	200 g	weißer Zucker
Alkohol: 4,5 Vol.-%	45 g	Aromahopfen (5,3 % α) in einer Zugabe 10 Minuten nach Kochbeginn
Abfüllzeitpunkt: 2,9 %		

1-stufiges Infusionsmaischverfahren

***Extraktbrauweise** (mit Kochen)*
– siehe Beschreibung –
1950 g Gerstenmalzextrakt bernstein

- ► Einmaischen: bei 50 °C und so 20 Min. halten
- ► 1. Rast: 90 Minuten bei 66 °C
- ► Abmaischen bei 76 °C
- ► Zuckerzugabe zur Mitte der Kochzeit
- ► Kochzeit: 90 Minuten

Export dunkel

untergärig
Stammwürze: 12,5 %
Hopfenbittere: 30 EBU
Bierfarbe: 50 EBC
Alkohol: 5,1 Vol.-%
Abfüllzeitpunkt: 3,5 %

3-stufiges Infusionsmaischverfahren

Extraktbrauweise *(mit Kochen)*
– siehe Beschreibung –
2500 g Gerstenmalzextrakt bernstein
200 g Gerstenmalzextrakt dunkel
150 g Maisflocken

4200 g Münchner Malz
220 g Caramalz dunkel
30 g Farbmalz
60 g Aromahopfen (5,5 % α)
in 2 Zugaben:
40 g nach Kochbeginn
20 g vor Kochende

- ► Einmaischen: bei 38 °C
- ► 1. Rast: 40 Minuten bei 52 °C
- ► 2. Rast: 40 Minuten bei 62 °C
- ► 3. Rast: 40 Minuten bei 72 °C
- ► Abmaischen bei 76 °C
- ► Kochzeit: 90 Minuten

Helles Starkbier

untergärig
Stammwürze: 16,2 %
Hopfenbittere: 40 EBU
Bierfarbe: 8 EBC
Alkohol: 6,7 Vol.-%
Abfüllzeitpunkt: 4,2 %

3-stufiges Infusionsmaischverfahren

Extraktbrauweise *(mit Kochen)*
– siehe Beschreibung –
3000 g Gerstenmalzextrakt extrahell
1000 g Gerstenmalzextrakt bernstein
50 g Maisflocken

3400 g Pilsener Malz
2400 g Wiener Malz
100 g Caramalz hell/Pils
64 g Bitterhopfen (7,0 % α)
in 2 Zugaben:
44 g nach Kochbeginn
20 g vor Kochende

- ► Einmaischen: bei 40 °C
- ► 1. Rast: 35 Minuten bei 52 °C
- ► 2. Rast: 60 Minuten bei 62 °C
- ► 3. Rast: 15 Minuten bei 72 °C
- ► Abmaischen bei 76 °C
- ► Kochzeit: 90 Minuten

Kloster-Bier

obergärig
Stammwürze: 13,2 %
Hopfenbittere: 20 EBU
Bierfarbe: 40 EBC
Alkohol: 5,2 Vol.-%
Abfüllzeitpunkt: 3,6 %

3-stufiges Infusionsmaischverfahren

Extraktbrauweise (mit Kochen)
– siehe Beschreibung –
2200 g Gerstenmalzextrakt bernstein
750 g Gerstenmalzextrakt Pilsner
100 g Gerstenflocken

2200 g Münchner Malz
2300 g Wiener Malz
40 g Farbmalz
50 g Aromahopfen (6,0 % α)
in 2 Zugaben:
30 g nach Kochbeginn
20 g vor Kochende

- ► Einmaischen: bei 38 °C
- ► 1. Rast: 40 Minuten bei 50 °C
- ► 2. Rast: 30 Minuten bei 64 °C
- ► 3. Rast: 30 Minuten bei 72 °C
- ► Abmaischen bei 76 °C
- ► Kochzeit: 90 Minuten

Revolution© – rotblondes Märzen –

untergärig (rötliche Farbe)
Stammwürze: 13 %
Hopfenbittere: 25 EBU
Bierfarbe: 20 EBC
Alkohol: 5 Vol.-%
Abfüllzeitpunkt: 3,5 %

3-stufiges Infusionsmaischeverfahren

3400 g Wiener Malz
400 g Melanoidin Malz
150 g Caramalz Pils
100 g Sauermalz
20 g Bitterhopfen (12 % α)
10 g Aromahopfen (7 % α)
Bitter nach Kochbeginn
5 g Aroma Mitte Kochzeit
5 g Aroma vor Kochende

- ► Einmaischen: bei 50 °C
- ► 1. Rast: 30 Min. bei 50 °C
- ► 2. Rast: 45 Min. bei 63 °C
- ► 3. Rast: 35 Min. bei 72 °C
- ► Abmaischen bei 76 °C
- ► Kochzeit: 60 Minuten

Roter Baron (Red Baron©) – obergäriges Spezialbier –

obergärig (rötliche Farbe)	3000 g	Wiener Malz
Stammwürze: 12,2 %	200 g	Pilsener Malz
Hopfenbittere: 22 EBU	100 g	Caramalz dunkel
Bierfarbe: 30 EBC	650 g	Melanoidin Malz
Alkohol: 4,7 Vol.-%	50 g	Aromahopfen (5,5 % α) in 3 Zugaben: 30 g nach Kochbeginn, 10 g Mitte der Kochzeit, 10 g vor Ende
Abfüllzeitpunkt: 3,4 %		
3-stufiges Infusionsmaischverfahren		

- ► Einmaischen: bei 40 °C
- ► 1. Rast: 25 Min. bei 50 °C
- ► 2. Rast: 30 Min. bei 62 °C
- ► 3. Rast: 40 Min. bei 70 °C
- ► Abmaischen bei 76 °C
- ► Kochzeit: 60 Minuten

Schwarzer Freitag©
– Schwarzbier nach schwäbischer Art –

untergärig	4200 g	Münchner Malz
Stammwürze: 12,5 %	300 g	Pilsener Malz
Hopfenbittere: 23 EBU	170 g	Farbmalz
Bierfarbe: 50 EBC	120 g	Sauermalz
Alkohol: 4,8 Vol.-%	50 g	Caramalz dunkel
Abfüllzeitpunkt: 3,8 %	40 g	Aromahopfen (7,5 % α) in 2 Zugaben: 30 g nach Kochbeginn, 10 g vor Kochende
3-stufiges Infusionsmaischverfahren		

- ► Einmaischen: bei 50 °C
- ► 1. Rast: 35 Min. bei 50 °C
- ► 2. Rast: 40 Min. bei 64 °C
- ► 3. Rast: 40 Min. bei 72 °C
- ► Abmaischen bei 76 °C
- ► Kochzeit: 90 Minuten

Verzeichnis der Fachbegriffe

Acidität Säuregrad einer Flüssigkeit (z.B. die von Wasser). Siehe auch ph-Wert.

Alkalität Gradmesser für die Karbonathärte von (Brau-)Wasser.

Amylasen Alpha- und Beta-Amylasen sind im Malzkorn enthaltene Enzyme, die Malzstärke in unvergärbare und vergärbare Zucker aufspalten, um sie in der Bierwürze zu verflüssigen.

Aminosäuren Stickstoffhaltige, organische Säuren, die den Hefezellen als Nährstoff dienen.

Amylose Glucosezucker, den die Alpha-Amylasen in Maltose zerlegen.

Anstellbottich Gärbottich in dem die Bierwürze mit Hefe „angestellt“ (vermischt) wird.

Aufkräusen Zugabe von gärender Würze zum Bier im Lagerfass, um eine bessere Nachgärung und einen höheren Ausstoßvergärungsgrad zu erreichen.

Austrebern Entfernung der Treber aus dem Läuterbottich nach Beendigung des Läuterprozesses.

Bakterien Einzellige Klein-Lebewesen, die Fäulnis einleiten oder Milch- bzw. Essigsäure bilden.

Bierschwand Verlust an Würze und Bier während der Bierbereitung ab Ausschlagwürze bis zum fertig abgefüllten Bier – in der Praxis ca. 15 %.

Brauzucker Zucker, Zuckersirup und Zuckercouleur zur Bereitung einiger obergäriger Biere.

Bruchhefen Untergärige Bier-Hefen die sich aufgrund ihres Flockungsvermögens nach Ende der Gärung kompakt am Boden absetzen. Deren Gegenteil sind Staubhefen.

Carbonate An Kohlensäure (CO_2) gebundene Kalzium-, Natrium- und Magnesiumsalze.

Diastase Andere Bezeichnung für Amylase (siehe dort).

Digerieren Stundenlanges Vormaischen von weniger gut gelösten Malzen in kaltem Wasser (unter 18 °C, sonst Säuerung) für optimaleren Maischprozess.

Drauflassen Befüllen mehrerer Gärbottiche mit Kräusen-Würze (gärender Würze), auf die anschließend reine Würze „draufgelassen" wird. Dies bewirkt eine Einsparung und Intensivierung der Hefe und dient zur Beeinflussung des Vergärungsgrades durch die jeweilige Temperatur des zweiten Sudes.

Enzyme Fermente (Katalysatoren), die biochemische Vorgänge und Umwandlungsprozesse bewirken.

Fassen Schlauchen des Jungbieres in Fässer zwecks Nachgärung.

Flockung Bruchbildungsverhalten von Bierhefen.

Geläger Boden-Sedimentation in Lager-Fässern.

Griese Grob- und Feingriese sind ein Teil der Zusammensetzung des Malzschrotes.

Gummistoffe Bestandteile der Stütz- und Gerüstsubstanzen des Malzkorns, welche wasserlöslich sind und teilweise beim Maischprozess abgebaut werden.

Heißtrub Auch Kochtrub oder Grobtrub genannt. Entsteht beim Würzekochen durch Hitzekoagulation von Stickstoffsubstanzen (Eiweiß, Bitterstoffe und organische Stoffe), die sich später leicht durch Filtration oder Sedimentation ausscheiden lassen.

Isobarometrische Abfüllung Abfüllen von Bier aus dem Lagertank in Flaschen oder Fässer unter Gegendruck, wobei im Entnahme- wie auch im Aufnahmebehälter im Augenblick des (Bier-)Einfließens der gleiche Druck herrscht.

Kernhefe Mittelschicht der nach der Gärung am Boden liegenden Hefe, welche geerntet, behandelt (gewässert) und wieder verwendet wird.

Koagulation Eiweißausscheidung beim Würzekochen durch Gerinnung (Flockung, Ausflockung).

Kohlensäure Gasförmiges Gärungsprodukt.

Kräusen Gärschaum, bestehend aus Eiweiß und Inhaltsstoffen der Hefe und des Hopfens.

Kühltrub Auch Feintrub genannt. Entsteht beim Abkühlen der Ausschlagwürze, also nach dem Hopfen-/Würzekochen, zwischen 60 und 70 °C. Im Gegensatz zum Heißtrub ist er nicht so leicht zu entfernen. Feines Filtertuch ist notwendig. Erfolg bringen auch Sedimentation und zentrifugale Bemühungen (Whirpool-Effekt).

Lösung des Malzes Eiweiß-Lösungsgrad. 36-40 % = knapp (nicht gut) gelöst, 41-44 % = normale bis gute Lösung, 45-50 % = überlöst.

Maltase Enzym, welches Maltose (Malzzucker) in Glukose (Traubenzucker) aufspaltet.

Maltose Malzzucker, welcher beim Maischen (Beta-Amylase) aus Kornstärke entsteht.

Monosaccharide Einfachzucker, z.B. Glukose (Traubenzucker) und Fructose (Fruchtzucker).

Nitrate Salze der Salpetersäure. Zu hoher Nitratgehalt im Brauwasser wirkt sich negativ auf den Brauprozess aus.

Nachtrunk Bittergeschmack bei der Bierprobe.

Pasteurisation Haltbarkeitmachung von Bieren und Lebensmitteln durch Erhitzung zwischen 60-85 °C.

pH-Wert Lat. „Pondus Hydrogenii“. Gibt an, ob Wasser sauer, neutral oder alkalisch ist.

Rohfrucht Ungemälztes Getreide.

Rezens Kohlensäureempfinden (zusammen mit „Vollmundigkeit“ und „Leere“) bei der Bierprobe.

Saccharase Invertase. Hefe-Enzym welches Zucker in Invertzucker (Fructose-Glukose-Gemisch) aufspaltet.

Sediment Nicht lösliche Feststoffe wie Eiweiß, Hefe, Harze usw., die sich am Boden ablagern.

Speise Entnommene, blanke Vorderwürze (etwa 5 %), deren Enzyme und Mikroorganismen durch Kochung abgetötet werden und die dem fast endvergorenen Jungbier bei der Nachgärung wieder zugesetzt wird. Dadurch wird die Nachgärung intensiviert und ein optimaler Kohlensäuregehalt erreicht. Mit „Speise“ wird hauptsächlich bei obergärigen Bieren, insbesondere bei Weizenbieren, gearbeitet.

Spundung Mittels eines Spundungsapparates am Nachgärfass eingestellter, sich per Federdruckventil selbst regelnder, CO_2-Wert für hoch und niedrig gespundete Biere.

Sud Bezeichnung für den Maischprozess inklusive des Würzekochens.

Schwand siehe Bierschwand

Staubhefen Bierhefen, die sich nicht so schnell wie Bruchhefen am Boden absetzen. Sie bleiben im Bier längere Zeit in Schwebe.

Stärke Wichtigster Teil des Getreidekorns, welcher mittels Enzyme in Zucker umgewandelt wird.

Trub siehe Heiß- und Kalt-Trub.

Viskosität Zähflüssigkeit der Maische und Würze (je höher die Temperatur, desto dünn-flüssiger – je konzentrierter, desto dickflüssiger).

Vollmundigkeit Das Geschmacksempfinden des „Antrunkes“ bei der Bierprobe.

Verzuckerung Stärkeumwandlung in Zucker während des Maischprozesses, mittels Enzymen.

Würzeschwand siehe Bierschwand

Zufärbung Farbzunahme der Würze beim Maischen (durch Kochmaischen) und beim Würzekochen (durch Kochdauer).

Bezugsquellenhinweis und sonstige Adressen

Versandhandel in Deutschland

- ✦ Beer-Company, 10967 Berlin, Tel. 030/6932720
- ✦ Brau-Partner K. Kling, 74080 Heilbronn, Tel. 07131/45353
- ✦ F. Cani, 72770 Reutlingen, Tel. 07072/60968
- ✦ Hofstetter, 77656 Offenburg, Tel. 0781/7154
- ✦ E. Schmeling-Krause, 29459 Clenze, Tel. 05844/1630
- ✦ T. Oberacker, 76344 Eggenstein, Tel. 07247/963090

(Versand-)Handel in der Schweiz und in Österreich

- ✦ Cramer Homebrew, CH-9042 Speicher, Tel. 071/3441249
- ✦ Die Heimbrauer, CH-8335 Hittnau, Tel. 01/9504840
- ✦ Rene's Malzshop, CH- 5323 Rietheim, Tel. 056/2491613
- ✦ R. Knopf, A-1140 Wien, Tel. 01/9826240
- ✦ Ing. L. Schlögl, A-2563 Pottenstein, Tel. 02672/82419
- ✦ W. Höglinger, A-3423 St. Andrä-Wördern, Tel. 02242/33551

Einzelhandel (regional) – Deutschland

- ✦ H. Heller (Brunnen-Drogerie), 76703 Unteröwisheim, Tel. 07251/961693
- ✦ Dr. H. Rudolph, 21368 Dahlenburg, Tel. 05851/60111
- ✦ G. Scheithauer, 04849 Bad Düben, Tel. 034243/22375
- ✦ Fredy's Hobbybrauer-Shop, 44309 Dortmund, Tel. 0231/2000403
- ✦ Der Brauladen, 68753 Waghäusel, Tel. 07254/777766

Kursleiteradressen (Deutschland)

- ✦ F. Cani, 72770 Reutlingen, Tel. 07072/60968
- ✦ M. Gessler, 76149 Karlsruhe, Tel.: 0721/786195
- ✦ S. Heinzl, 86415 Mering, Tel. 08233/32230
- ✦ Dr. H. Rudolph, 21368 Dahlenburg, Tel. 05851/60111
- ✦ W. Simon, 91090 Effeltrich, Tel. 09133/603467
- ✦ R. v. Wyschetzki, 86500 Kutzenhausen, Tel. 08238/4303
- ✦ K. Heerdegen, 95182 Döhlau, Tel. 09286/7596
- ✦ H. G. Meyer, 44575 Castrop-Rauxel, Tel. 02305/33878
- ✦ R. Feuser, 50389 Wesseling, Tel. 02236/942324
- ✦ D. Birk (VHS Alzey), Tel. 0631/8923681

☞ Über vorab genannte Kursleiter können teilweise auch Brauutensilien bezogen werden.

Vereine/Zusammenschlüsse

in Deutschland

VHD-Vereinigung der Haus- und Hobbybrauer Deutschland e. V. (überregional), www.hausgebraut.de
1. Vorsitzender: W. Simon, Am Felsenkeller 2,
91090 Effeltrich, Tel.: 09133/603467

in der Schweiz

Swiss Homebrewing Society (SHS), c/o Marco Sänger, Langmattstr. 494, CH-5064 Wittnau, Tel. 062/8717303

Regionale Braugruppen (Deutschland)

Kontakt:

- ✦ H. Laube, 81825 München, Tel. 089/42017301
- ✦ M. Stoll-Hafkus, 20357 Hamburg, Te. 040/43131722
- ✦ F. Cani, 72770 Reutlingen, Tel. 07072/60968
- ✦ D. Hornfeck, 95502 Himmelkron, Tel. 09227/6234
- ✦ R. Singer, 91322 Gräfenberg, Tel. 09192/6805
- ✦ M. Lorenz, 75015 Bretten, Tel.07252/8159

Literaturverzeichnis

„Handbuch der Brauerei-Praxis", Getränke-Fachverlag Hans Carl, Nürnberg

„Das große Lexikon vom Bier", von Rolf Lohberg, Scripta Verlags GmbH, Stuttgart

„Abriß der Bierbrauerei", von Ludwig Narziß, Enke Verlag, Stuttgart

„Katechismus der Brauerei-Praxis", von Karl Lense, Getränke-Fachverlag Hans Carl, Nürnberg

„Bier aus eigenem Keller", von Wolfgang Vogel, Ulmer Verlag, Stuttgart

„Von der Maß bis an die Molle", von Ulrich Klever, Chr. Wegner Verlag

„Bier selbst gebraut", von A. Grunau und Th. Klawunn, Verlag Karin Schulz, Göttingen

„Die Biere Deutschlands", von D. Höllhuber und W. Kaul, Getränke-Fachverlag, Hans Carl, Nürnberg

„Bierbrauen", von D. Laing und J. Hendra, Verlag Otto Maier, Ravensburg

„Bayrisch Bier", von H. Hochrain, Bayerischer Landwirtschaftsverlag München (Ausgabe 1957)

„Zurück zum Bier", von W. Simon, Gaiganz

„Brew classic European beers at home", von G. Wheeler und R. Protz, camra books

„The historical companion to house-brewing", von Clive la Pensée, Montag Publications

„Home brewed Beers & Stouts", von C. J. J. Berry, Nexus Special Interests Ltd.

„Die brautechnischen Untersuchungsmethoden", von F. Pawlowski, Verlag R. Oldenbourg

„Brauerhandbuch", von Dr. Ing. K. Hennies, München

Stichwortverzeichnis

Verzeichnis der Bierrezepte